950

Oraciones que superan

El Espíritu de Bendiciones demoradas y detenidas Nueva Edición

Por

Dr. Olusola Coker

Publicado por

Dr. Olusola Coker

Emai:info@olusolacoker.com

traducido por

Arturo Juan Rodríguez Sevilla

Contenidos

Introducción

Mirando más allá en el Espíritu de las Bendiciones Retardadas y Detenidas

¿CUÁL ES EL ESPÍRITU DE LAS BENDICIONES RETRASADAS Y DETENIDAS POR CIERTO?

A continuación encontrará las razones por las que necesita eliminar de su vida el espíritu de las bendiciones demoradas y detenidas.

Ore por lo menos 25 puntos de oración al día antes de dormir o temprano en la mañana tan pronto como se levante para los próximos 32 días para actualizar sus bendiciones dadas por Dios. NO MÁS DEMORAS Y DETENCIÓN EN LAS BENDICIONES EN SU VIDA.

Día Uno: Devociones diarias: 30 Puntos de Oración contra el espíritu de las bendiciones retrasadas y detenidas

Día Dos: Devociones diarias: 30 Puntos de Oración contra el espíritu de las bendiciones retrasadas y detenidas

Día Tres: Devociones diarias: Puntos de Oración contra el espíritu de las bendiciones retrasadas y detenidas

Día Cuatro: Devociones diarias: 28 Puntos de Oración por bendiciones,3 avances, éxitos, etc.

Día Cinco: Devociones diarias: Puntos de oración por el avance financiero y de negocios

Día Seis: Devociones diarias: Puntos de oración por el avance financiero y de negocios

Día Siete: Devociones diarias: 30 Puntos de oración Oraciones contra la esterilidad

Día Ocho: Devociones diarias: 30 Puntos de Oración por Restauración/Poseer sus Posesiones

Día Nueve Devociones Diarias: 29 Puntos de Oración para la Restauración Financiera

Día Diez: Devociones diarias: ORACIÓN PARA SUPERAR LA FORTALEZA SEXUAL

Día Once: Devociones diarias: Puntos de Oración contra el retraso en la promoción

Día Doce: Devociones diarias: PUNTOS DE ORACIÓN por Excelencia 1

Día Trece: Devociones diarias: PUNTOS DE ORACIÓN por Excelencia 2

Día Catorce: Devociones diarias: PUNTOS DE ORACIÓN por la Excelencia 3

Día Quince: Devociones diarias: PUNTOS DE ORACIÓN por Excelencia 4

Día Dieciséis: Devociones diarias: PUNTOS DE ORACIÓN por la Excelencia 5

Día Diecisiete: Devociones diarias: PUNTOS DE ORACIÓN por Excelencia 6

Introducción

El espíritu de bendiciones retrasadas impide a uno entrar en su destino en el momento apropiado o establecido a pesar de muchos esfuerzos y trabajo.

Los que sufren de este espíritu pasan un tiempo mucho más largo para obtener lo que otros obtienen fácil y rápidamente. Trabajan muy duro antes de poder conseguir algo. Para cuando finalmente lo consigan, toda la alegría de ese logro habrá desaparecido.

La Biblia dice: "La esperanza diferida enferma el corazón" Cuando ves a hombres y mujeres afligidos por este espíritu, todas las personas que son más jóvenes que ellos reciben las cosas fácil y rápidamente, pero cuando hacen su propio intento, las cosas se ponen muy difíciles. Ellos pagan el precio inusual de hacer algo y siempre son los últimos en la línea de bendición. El último en conseguir la admisión a las universidades, el último en aprobar un examen, el último en casarse, el último en tener hijos. También están siempre atrasados en cuanto a avances.

Sus segundos nombres podrían ser fácilmente llamados hermano o hermana último o detrás. Son personas cuyas bendiciones no suelen llegar temprano. La historia de Jacob dio una imagen clara de lo que el espíritu de las bendiciones tardías puede hacer a la vida de un hombre. A pesar de las bendiciones de Jehová sobre su vida, sufrió privaciones indecibles en manos de Labán. Al orar hoy, el Señor romperá el yugo de este espíritu en tu vida y entrarás en tu destino en el nombre de Jesús

Mirando más allá en el Espíritu de las Bendiciones Retardadas y Detenidas

Superar el espíritu de las bendiciones retrasadas y detenidas debe tomarse muy en serio porque hay personas que nacieron como Director o Presidente de una compañía multinacional pero que ahora son guías de seguridad debido al Espíritu. Hay personas que se supone que son supervisores generales pero que ahora son líderes de la Iglesia local.

Algunas personas están destinadas a ser profesores, pero ahora son maestros de escuela, porque el espíritu de las bendiciones retrasadas y detenidas está operando en sus vidas. Hay gente que se supone que son multimillonarios o multimillonarios pero que ahora están pidiendo comida para comer. La mayoría de las personas han sido enterradas con los talentos que Dios les ha dado en el cementerio.

Muchas personas están en el cementerio que han muerto con sus sueños y visiones insatisfechas debido al espíritu de las bendiciones retrasadas y detenidas. Hay algunos libros que cambian la vida en el Cementerio que nadie escribió porque el espíritu de las bendiciones retrasadas y detenidas los detuvo.

Incluso hay algunas personas que están destinadas a transformar una nación a mayores alturas pero que ahora están en el cementerio enterradas con sus sueños insatisfechos.

Tú que estás leyendo este libro ahora mismo, quién sabe dónde estás ahora, no estás donde se supone que debes estar. Necesitas rezar todos los 950 puntos de oración de este libro.

¿CUÁL ES EL ESPÍRITU DE LAS BENDICIONES RETRASADAS Y DETENIDAS POR EL CAMINO?

Significa cansancio para alcanzar una meta.

- Postergación innecesaria. Lo que tienes que hacer ahora lo sigues posponiendo.
- Significa obstáculos.
- Significa incapacidad para lograr algo bueno en la vida.
- También podría significar que su ubicación actual y su entorno lo están retrasando en el logro de su objetivo en la vida.
- Es una fuerza que les impide avanzar.
- También significa que su familia, amigos, y relaciones son un obstáculo para su avance.
- Esto puede ser considerado como un yugo malvado.
- Podría significar la actitud de su cónyuge; el comportamiento le está impidiendo darse cuenta de sus potenciales, especialmente si no está casado en el Señor.
- Es cualquier cosa, cualquier persona, lo que te impide darte cuenta de tus bendiciones.
- También significa que su actitud, acciones y comportamiento le están impidiendo seguir adelante.
- Significa falta de determinación para tener éxito.
- Significa falta de compromiso para hacer realidad sus sueños.
- Significa pereza en todo.
- Significa falta de voluntad.
- Significa falta de disciplina. Nunca serás la persona que puedes ser si la presión, la

tensión y la disciplina son eliminadas de tu vida.

> Falta de entusiasmo.

EL ESPÍRITU DE LAS BENDICIONES DEMORADAS Y DETENIDAS NO PUEDE SIMPLEMENTE DESAPARECER; HAY QUE ORAR AGRESIVAMENTE PARA QUE SE LAS QUITE. ES SÓLO LA ORACIÓN LA QUE PUEDE REMOVER AL ESPÍRITU MALIGNO PORQUE NO TIENE RESPETO POR NADIE, NO IMPORTA QUIÉN SEAS.

A continuación encontrará las razones por las que necesita eliminar de su vida el espíritu de las bendiciones demoradas y detenidas.

Nunca podrás elevarte a alturas mayores si estás afligido con el espíritu de las bendiciones demoradas y detenidas.

> ➢ Esto ralentiza su productividad.
> ➢ Conduce a frustraciones y arrepentimientos.
> ➢ Trae vergüenza y tristeza.
> ➢ Es un destructor y asesino del destino. Tu ayudante del destino o Destiny Helper nunca podrá aparecerte.
> ➢ Hace que uno esté en un aprieto año tras año. No hay progreso, usted está empleado como conductor y jubilado como conductor.
> ➢ Trae limitaciones y estancamiento
> ➢ Trae una muerte prematura.
> ➢ Nunca podrás ser efectivo si el espíritu de las bendiciones retrasadas y detenidas está en ti.

Ore por lo menos 30 puntos de oración al día antes de dormir o temprano en la mañana tan pronto como se levante para los próximos 32 días para actualizar sus bendiciones dadas por Dios.

NO MÁS DEMORAS Y BENDICIONES DETENIDAS EN SU VIDA.

Antes de orar, por favor siga las siguientes instrucciones.

a.	Lea el pasaje de la Biblia a continuación

Génesis 28:1-5

b.	Confiesa todos tus pecados, conocidos y desconocidos

Día Uno 30 Puntos de Oración

Renuncio a todo espíritu adquirido de bendiciones tardías en el Nombre de Jesús.

Me pierdo de todo espíritu heredado de bendiciones demoradas y detenidas en el Nombre de Jesús

Destruyo todo espíritu de bendiciones demoradas y detenidas que adquiero en mis sueños en el Nombre de Jesús.

Pido la sangre de Jesús para desalojar a los espíritus malignos en posesión de mis bendiciones demoradas y detenidas. Te ordeno que me abandones en el nombre de Jesús.

Que el fuego de Dios destruya a todos los que poseen mis Bendiciones retrasadas y detenidas. Serán asados sin reconocimiento en el Nombre de Jesús Amén.

Por la autoridad de la palabra de Dios, rompo toda maldición de bendiciones demoradas que operan en mi vida en el nombre de Jesús.

Yo rompo toda maldición de bendiciones tardías que operan en la vida de nuestros antepasados que han sido transferidas a mi vida en paz en el Nombre de Jesús Amén.

Recibí fuerza de Dios Padre para atravesar las tropas del enemigo y recuperar todo sin perder nada en el nombre de Jesús.

Que los ángeles del Dios viviente quiten toda piedra de estorbo a la manifestación de mis descubrimientos en el nombre de Jesús.

Yo ordeno que cada muro de Jericó que se interponga entre mi destino y yo se derrumbe, y que nunca más se levante en el poderoso nombre de Jesús.

Soy redimido de todas las maldiciones ancestrales, paternas, marcialmente y de toda forma de demora y bendición detenida en el nombre de Jesús.

Yo ato, saqueo y echo fuera de mi vida, a todos los espíritus anti-avance, anti-bendiciones y anti-testimonio en el nombre de Jesús.

Yo ordeno la liberación de mis bendiciones confiscadas en el Nombre de Jesús

Yo ordeno a los poderes que han tragado mis bendiciones que las vomiten por el fuego en el nombre de Jesús.

Yo vomito todos los alimentos que he comido en mis sueños y que están afectando mi avance en el Nombre de Jesús Amén.

Rompo mis maldiciones y pactos conocidos o desconocidos a los que se aferra el enemigo, para retener mis bendiciones. Específicamente, mencione cualquier bendición en su vida por su nombre y ordene su liberación en el poderoso nombre de Jesús.

Mi éxito es precioso para Dios. Que mi bendición (demorada o detenida) sea como el arca de Dios para los filisteos, perturbe el campamento del enemigo con la plaga en el Nombre de Jesús.

Recibo la asistencia divina para recuperar todo a través de la sangre de Jesús.

Recibo ayuda divina para destruir los poderes de todos mis enemigos en el Nombre de Jesús.

Me niego a seguir transportando en cualquier parada de autobús satánico; debo entrar en mi destino este año en el nombre de Jesús.

Señor, que todas las etiquetas malignas que el campamento del enemigo forjó contra mi vida sean completamente borradas ahora, en el nombre de Jesús.

Me libero de la esclavitud del estancamiento y de las bendiciones retrasadas en el nombre de Jesucristo.

El fuego del Espíritu Santo destruye todo lo que hace que tus promesas fallen o se queden en mi vida en el nombre de Jesús.

Yo decreto por la unción del Espíritu Santo, el rápido cumplimiento de todas las profecías y promesas de Dios concernientes a mí en el nombre de Jesús.

Señor Jesús, deja que el escuadrón angelical (de respuesta rápida) invada el campamento de mi enemigo y recupere todas mis bendiciones tan esperadas en el nombre de Jesús.

Habiendo esperado mucho tiempo por mi avance, no me sentiré frustrado ni decepcionado al final, en el nombre de Jesús

Hoy, activo los pactos abrahámicos y mesiánicos que operan en mi vida. Por estos pactos divinos, que todas mis bendiciones demoradas sean liberadas ahora en el nombre de Jesús.

En el poderoso nombre de Jesús me muevo de atrás hacia adelante en la cola de bendiciones en el nombre de Jesús.

Padre, de aquí en adelante, que mi vida sea un imán divino que atraiga diversos milagros todo el tiempo.

Yo resisto, ato y derroco a todos los secuestradores milagrosos, deflectores milagrosos e interceptores milagrosos que operan dentro y alrededor de mí en el poderoso nombre de Jesús.

Cumpliré palabras proféticas sobre mi vida y ministerio en el nombre de Jesús.

\

Día Dos

Antes de orar, por favor siga las siguientes instrucciones.

a. Lea el pasaje de la Biblia a continuación

Génesis 28:1-4; 11-19; 31:38-42

b. Confiese todos sus pecados, conocidos y desconocidos

30 Puntos de Oración

Todo poder visible e invisible que retrase mi manifestación este año, sea destruido en el nombre de Jesús

Cada una de las Potencias Marinas que demore mis bendiciones sea asada al fuego en el Nombre de Jesús.

Libro del fracaso generacional, que lleva mi nombre, arde en llamas, en el nombre de Jesús.

Cada corte satánica, convocada para deliberar sobre mi progreso, se dispersa, en el nombre de Jesús

Padre, rompe todo pacto de demora que opera en mi vida en el nombre de Jesús.

Tú, agente de las tinieblas asignado para retrasar mi debida promoción y celebración, sé arrestado en el nombre de Jesús.

Por autoridad divina, toda virtud y bondad de mi vida se retrasa en cualquier parte, sale por la fuerza en el nombre de Jesús.

Silencio cada voz de las tinieblas hablando negativamente en contra de mi progreso en el nombre de Jesús.

Recibo el poder de Dios para MOVERme adelante, en cada área de mi vida, en el poderoso nombre de Jesucristo.

No moriré, sino que viviré para cumplir el destino que Dios me ha dado, en el nombre de Jesús.

Yo ordeno la restauración séptuple de todo lo que el enemigo me ha quitado, en el nombre de Jesús.

El fuego de Dios, consume el malvado reloj del enemigo que está trabajando contra mi vida, en el nombre de Jesús.

Oh Señor, restaura mis años perdidos en el nombre de Jesús.

Señor, restaura mis esfuerzos desperdiciados, dinero, salud, fuerza y bendiciones, en el nombre de Jesús.

Quito de mi vida con fuego toda barrera a mis descubrimientos en el nombre de Jesús.

Yo arranco de raíz y destruyo de mi vida por el Espíritu Santo cada obstáculo a mi milagro, en el nombre de Jesús.

Rompo en pedazos cada cuerno que esparce mis bendiciones, en el nombre de Jesucristo.

Destruyo cada cerco que el enemigo ha puesto sobre mis bendiciones para evitar que las reciba en mi vida, en el nombre de Jesús.

Cada poder maligno que retiene mis oraciones, o las respuestas a mis oraciones, les ordeno que sean atados, en el nombre de Jesús.

Yo ordeno que se abran todas las puertas de las cosas buenas, cerradas contra mí por el enemigo, en el nombre de Jesús.

Libero a mi ayudante para que venga a mí ahora, en el nombre de Jesús.

Cada sombra de oscuridad que el enemigo ha proyectado sobre mí, para evitar que mi prosperidad, mi trabajo, mis contactos de negocios, mis ascensos o mis avances me localicen, la quito por el fuego, en el nombre de Jesucristo.

Que todas las potencialidades y dones ocultos que me hagan grande, robados de mí, sean restaurados 21 veces, en el nombre de Jesús.

Yo decreto la destrucción total sobre cada persona que ha prometido no darme nada de lo que Dios ha destinado para mí, en el nombre de Jesús.

Yo rompo en pedazos cada pacto o maldición que obstruye la restauración divina en mi vida, en el nombre de Jesús.

Árboles de problemas en mi vida, secos hasta las raíces, en el nombre de Jesús

Muros de oposición física y espiritual, caen según la orden de Jericó, en el nombre de Jesús.

Señor, haz de mi caso un milagro. Sorprende a mis enemigos, amigos, e incluso a mí mismo, en el nombre de Jesús.

Con la sangre de Jesucristo, rompo todo pacto que da ventaja al enemigo para quitarme las bendiciones que Dios me ha dado, en el nombre de Jesucristo.

Señor, haz de mi caso un milagro. Sorprende a mis enemigos, amigos, e incluso a mí mismo, en el nombre de Jesús.

Con la sangre de Jesucristo, rompo todo pacto que da ventaja al enemigo para quitarme las bendiciones que Dios me ha dado, en el nombre de Jesucristo.

Toda maldad doméstica que se come las bendiciones que Dios Todopoderoso ha concedido a mi vida y a mi familia, os destruyo a vosotros, en el nombre de Jesús.

Yo ordeno la restauración cien veces mayor de todo lo que el enemigo me quitó cuando estaba débil, en el nombre de Jesús

Día Tres

Antes de orar, por favor siga las siguientes instrucciones.

a. Lea el pasaje de la Biblia a continuación

Isaías. 6:1-8

a. Confiese todos sus pecados, conocidos y desconocidos

30 Puntos de Oración

Todo Espíritu adquirido de bendiciones demoradas y detenidas en mi cuerpo sea asado al fuego en el Nombre de Jesús Amén.

Rechazo todo espíritu de bendiciones demoradas y detenidas plantadas en el vientre de mi madre antes de que yo naciera en el Nombre de Jesús Amén.

Cada poder que ralentiza mi progreso en la vida, falla en el nombre de Jesús.

Oh Señor, libera el poder divino para que la velocidad de hoy me alcance en cada área de mi retraso en el nombre de Jesús.

Todo en mí y a mi alrededor que está cooperando con la fuerza de la demora para retrasarme, esparcirse en el nombre de Jesús

A partir de hoy, me niego a demorarme en progresar en el nombre de Jesús.

Padre mío y Dios mío, llama a mi gloria tardía para que resplandezca desde hoy en el nombre de Jesús.

Cada flecha del mal se retrasa, disparada en mi estrella, muere, en el nombre de Jesús.

Cada flecha de atraso, disparada en mi estrella, muere, en el nombre de Jesús.

Cadenas de estancamiento, romper, en el nombre de Jesús

Tácticas de retraso, organizadas contra mi alegría, dispersas, en el nombre de Jesús.

Cada retraso programado para atarme, morir, en el nombre de Jesús.

Cada flecha de desilusión, muere, en el nombre de Jesús.

Tú, poder de la vida dura, muere, en el nombre de Jesús.

Cada flecha de vergüenza, dirigida a mi vida, petardeo, en el nombre de Jesús.

Todo poder ordenado para hacerme resucitar y caer, morir, en el nombre de Jesús.

Cada poder de la casa de mi padre, retrasando mis descubrimientos, muere, en el nombre de Jesús.

Las maldiciones y los pactos de retraso satánico, mueren, en el nombre de Jesús.

Profundo pozo, tragando mis virtudes, vomitándolas por el fuego, en el nombre de Jesús.

Cadena de retraso, sosteniendo mi estrella, rompe, en el nombre de Jesús.

Cualquier nube de oscuridad alrededor de mis descubrimientos, dispersa, en el nombre de Jesús.

Yo derribo todas las fortalezas de la demora satánica, en el nombre de Jesús.

Todo hombre fuerte asignado contra mi progreso, mi éxito, muere, en el nombre de Jesús.

Decreto satánico sobre mi imagen, muere, en el nombre de Jesús.

Todo poder maligno que agota mis virtudes muere, en el nombre de Jesús.

El fracaso y la calamidad no serán mi identidad, en el nombre de Jesús.

Poder de estancamiento, secarse, en el nombre de Jesús.

Cada candado que sostiene mi progreso, se incendia, en el nombre de Jesús.

Día Cuatro

Antes de orar, por favor siga las siguientes instrucciones.

a.   Lea el pasaje de la Biblia a continuación

Salmo 105:17-22

a.   Confiese todos sus pecados, conocidos y desconocidos

30 Puntos de Oración

Mis años perdidos, sean restaurados por el fuego, en el nombre de Jesús.

Cada hijo de las tinieblas, cubriendo mi futuro, se incendia, en el nombre de Jesús.

Viento del espíritu, llévame a mi éxito, en el nombre de Jesús.

Yo decreto que el fracaso no es mi parte; el éxito es mío en el nombre de Jesús.

El hombre fuerte de la casa, asignado en contra de mi éxito, muere, en el nombre de Jesús.

Todo aceite en contra de mi favor se seca, en el nombre de Jesús.

Bendiciones de lugares inesperados, localícenme por el fuego, en el nombre de Jesús.

Pacto de trabajos forzados de la casa de mi padre, muere, en el nombre de Jesús.

Fuego del Espíritu Santo, convierte mi demora al éxito, en el nombre de Jesús.

La gloria de la casa posterior, ponte al día con mi estrella, en el nombre de Jesús.

Oh Dios, levántate y arranca de raíz todo lo que no plantaste en mí que esté afectando mi éxito en el Nombre de Jesús.

Que el fuego del avivamiento caiga sobre mí para que mi avance se manifieste en el nombre de Jesús.

Quito la mano de la maldad doméstica de mi vida marital, en el nombre de Jesús.

Que cada encantamiento, incisión, hexes y otras actividades espiritualmente dañinas que trabajen en contra de mi descubrimiento, sean completamente neutralizadas, en el nombre de Jesús.

Ordeno que todas las fuerzas del mal que manipulan, retrasan u obstaculizan el avance de mi negocio sean completamente paralizadas, en el nombre de Jesús.

Que todas las malas marcas anti-matrimoniales sean removidas, en el nombre de Jesús.

Señor, devuélveme a la forma perfecta en que me creaste si he sido alterado

Padre, que tu fuego destruya todas las armas satánicas que están en contra de mis bendiciones, en el nombre de Jesús.

Señor, expone todos los ardides y planes de Satanás que invente contra mí a través de cualquier fuente y en cualquier momento.

Abandono cualquier pecado personal que haya cedido terreno al enemigo, en el nombre de Jesús.

Reclamo todo el terreno que he perdido ante el enemigo, en el nombre de Jesús.

Aplico el poder en el nombre y la sangre de Jesús a mi éxito

Gracias a Dios por Su bondad y por todo lo que ha hecho por ti este año.

Padre, dame poder para continuar y prevalecer en la oración en el nombre de Jesús.

Señor, reaviva Tu precioso, santo y purificador fuego en mí, en el nombre de Jesús.

Espíritu de Dios, sácame a una nueva e íntima relación contigo desde ahora, en el nombre de Jesús.

Oh Dios, revíveme, en cada área de mi vida, en el nombre de Jesucristo.

Padre Dios, enséñame cómo llegar a tu corazón diariamente, y recibir de ti todas las bendiciones que me tienes reservadas, en el nombre de Jesús.

Día Cinco

Antes de orar, por favor siga las siguientes instrucciones.

a. Lea el pasaje de la Biblia a continuación

Salmo 105:17-22

a. Confiese todos sus pecados, conocidos y desconocidos

30 Puntos de Oración

Por el poder del Espíritu Santo, me libero de toda esclavitud financiera, en el nombre de Jesús.

Me libero de la esclavitud del fracaso, la enfermedad, la pobreza, la muerte prematura, el retroceso, la falta y el fracaso al borde del éxito, en el nombre de Jesús.

 Cada poder que me ata a un punto y no quiere que experimente un gran avance financiero, ¡perece! En el nombre de Jesucristo.

Cada maldición pronunciada contra mi éxito, ROMPE, en el nombre de Jesucristo.

Cada maldición que milita en contra de mi milagro, y el cumplimiento de mis metas, ¡SEA DESTRUIDO! En el nombre de Jesús.

Cada barrera de limitación asignada contra mí, ¡dispérsate! En el nombre de Jesús.

Cada objeto moldeado en contra de mi avance financiero y mi familia, que se frustre y decepcione, en el nombre de Jesucristo.

Cualquier poder asignado con el mandato de obstaculizar y maldecir mi éxito, ¡muere! En el nombre de Jesús.

Destruyo de mi vida cada ciclo de fracaso, decepciones, enfermedades y frustraciones, en el nombre de Jesús.

Cada maldición operando en mi línea familiar, ¡descanso! En el nombre de Jesucristo.

Las fuerzas de la oscuridad asignadas para atarme de un punto a otro para no lograr mi avance financiero, ¡te ordeno que PEREZCAS! En el nombre de Jesucristo.

Padre Dios, convierte cada maldición que he traído sobre mi para bendecir, en el nombre de Jesús.

¡Cada montaña en mi camino hacia el éxito y la victoria sea removida! En el nombre de Jesús.

Destruyo con fuego todos los límites que el enemigo ha marcado para mí, en el nombre de Jesús.

Rompo el estancamiento autoimpuesto y las limitaciones de mi éxito, avances, milagros y bendiciones en el nombre de Jesucristo.

Recibo bendiciones de doble porción a cambio de mi vergüenza y retraso, en el nombre de Jesús.

Cada maldición que he traído a mi éxito a través de la desobediencia y la ignorancia que hizo que se retrasara la ruptura por el fuego, en el nombre de Jesucristo.

Toda maldición tácita contra mi vida, mi familia, mis negocios y mis finanzas se rompe, en el nombre de Jesucristo.

Cada maldición que milita en contra de mi prosperidad, y el cumplimiento de mis metas, ¡SEA DESTRUIDA! En el nombre de Jesús.

Cada barrera de limitación asignada contra mí, ¡DISPÉRSATE! En el nombre de Jesús.

Todos los objetos que están en contra de mi vida y de mi familia, frustrados y decepcionados, en el nombre de Jesucristo.

Cualquier poder asignado con el mandato de obstaculizar y maldecir mi prosperidad, ¡muere! En el nombre de Jesús.

Destruyo de mi vida cada ciclo de fracaso, decepciones, enfermedades y frustraciones, en el nombre de Jesús.

Cada maldición operando en mi línea familiar, ¡descanso! En el nombre de Jesucristo.

Las fuerzas de la oscuridad asignadas para atarme a un punto que está afectando mi éxito, el avance, el éxito financiero, ¡te ordeno que PEREZCAS! En el nombre de Jesucristo.

Padre Dios, convierte cada maldición que he traído sobre mi para bendecir, en el nombre de Jesús.

Cada montaña en mi camino hacia el éxito y la victoria, ¡serán removidas! En el nombre de Jesús.

Destruyo por el fuego, cada frontera que el enemigo ha marcado para mí en otro no para lograr mi avance financiero, en el nombre de Jesús.

Rompo el estancamiento autoimpuesto y las limitaciones que están retrasando mis bendiciones en el nombre de Jesucristo.

Día Seis

Antes de orar, por favor siga las siguientes instrucciones.

a. Lea el pasaje de la Biblia a continuación

I Corintios. 15:8-10

a. Confiese todos sus pecados, conocidos y desconocidos

30 Puntos de Oración

Recibo bendiciones de doble porción a cambio de mi vergüenza y retraso, en el nombre de Jesús.

Cada maldición que he traído a mi vida a través de la desobediencia y la ignorancia, la romperé por el fuego, en el nombre de Jesucristo.

Destruyo con fuego todos los cuernos asignados para esparcir mi prosperidad, familia, negocios y posesiones, en el nombre de Jesús.

Yo derribo cada piedra de tropiezo en mi camino hacia el éxito, la promoción y la victoria, en el nombre de Jesús.

Todo lo bueno que Dios ha destinado para mí, pero que está en posesión de otra persona, le ordeno que venga a mí ahora, en el nombre de Jesús.

Poseo el poder de perseguir, alcanzar y recuperar mis bienes de los egipcios espirituales, en el nombre de Jesús.

Que cada hechizo, gafe y encantamientos demoníacos rendidos en mi contra sean cancelados, en el nombre de Jesús.

Señor, sana todas las heridas y balas espirituales sufridas por los ataques del enemigo.

Padre, te lo ruego, quita a cualquier persona o personalidad que se siente en mis bendiciones, milagros, avances, prosperidad, finanzas, trabajo o buena salud, en el nombre de Jesucristo.

Todas mis posesiones en el norte, sur, este u oeste, les ordeno que vengan a mí ahora, en el nombre de Jesús.

Todas mis posesiones en el reino de los espíritus, las libero en lo físico por medio del fuego, en el nombre de Jesucristo.

Recibo cien veces más restauración de todo lo que he perdido, en el nombre de Jesús.

Recibo cien veces más restauración de mis bendiciones, avances financieros, éxitos, avances, éxitos financieros y milagros que el enemigo me robó, en el nombre de Jesucristo.

Señor, dame poder para un nuevo comienzo.

También se usa indistintamente con misericordia, gracia y bondad.

El favor es aquello que ayuda al hombre a alcanzar el destino divino, los adelantos, los adelantos financieros, el éxito o las expectativas con el mínimo esfuerzo.

Favor añade sabor a nuestras vidas y moviliza a otros para que nos ayuden a cumplir nuestros planes y sueños de destino.

Cuando el espíritu de favor está sobre nuestras vidas, obliga a los hombres y a los espíritus a ayudarnos en nuestra búsqueda del destino.

Favor nos ahorra las pruebas del trabajo innecesario o innecesario y del trabajo arduo.

El favor hace que nuestro semblante o presencia sea atractivo y entrañable para los posibles ayudantes.

El espíritu de desaprobación, por otro lado, hace que nuestra presencia sea repulsiva para aquellos que deberían ayudarnos.

El favor es aquello que mueve a otros a ayudarte y animarte.

Sin favor, el cumplimiento del destino sufrirá retrasos innecesarios o abortos.

Padre, perdona mis pecados y dame la gracia de vivir una vida que atraiga tu favor

Por la sangre de Jesús, recibo limpieza de cada depósito de rechazo a través del pecado.

En el nombre de Jesús, rompo el poder del magnetismo maligno y el aura negativa.

Día Siete

Antes de orar, por favor siga las siguientes instrucciones.

a. Lea el pasaje de la Biblia a continuación

Isaías 60:1

a. Confiese todos sus pecados, conocidos y desconocidos

SI ERES ESTÉRIL, NECESITAS ORAR PARA SALIR DE ELLO, YA QUE TUS BENDICIONES SERÁN DETENIDAS.

30 Puntos de oración Oraciones contra la esterilidad

Declaro y declaro que toda maldición de estéril sobre mi vida se romperá en el nombre de Jesucristo.

Ato todo poder de las tinieblas que inflige esterilidad sobre mi vida, mi matrimonio, mis negocios, mi éxito, mis descubrimientos en el nombre de Jesús.

Destruyo cada cordón de estéril atado alrededor de mi matrimonio y familia en el nombre de Jesús.

Revoco todo pacto ancestral de esterilidad en mi familia y matrimonio en el nombre de Jesús.

Anulo todo pacto de estéril que opere en mi matrimonio y que tenga su origen en mi familia o en la familia de mi cónyuge en el nombre de Jesucristo.

La Palabra de Dios dice: "Todo lo que ate en la tierra, será atado en el cielo; y todo lo que desate en la tierra, será desatado en el cielo". (Mateo 18:18). Por lo tanto, yo ato y destruyo toda semilla, raíz, brote o fruto de esterilidad en mi vida y matrimonio en el nombre de Jesús.

Desato sobre mi vida y mi matrimonio todas las bendiciones de la fecundidad de Dios en el nombre de Jesucristo.

Cada río maligno que ahoga mi vida, mi éxito y mi matrimonio se secan en el nombre de Jesús.

Destruyo por el fuego todo objeto enterrado o escondido, sosteniendo la esterilidad en mi vida y en mi matrimonio en el nombre de Jesucristo.

Soy fructífero en todo sentido, según la Palabra de Dios en el nombre de Jesús.

Padre, bendíceme con hijos buenos y sanos en el nombre de Jesús.

Mi vientre es fértil y reproductivo en el nombre de Jesús.

Mi sistema reproductivo está curado y restaurado en el nombre de Jesús.

Me niego a estar de acuerdo con cada decreto que me mantiene atado en la ciudad de la estéril e infructuosa en el nombre de Jesucristo.

Libero a los hijos que Dios Todopoderoso me ha dado, para que vengan a lo físico a través de mí en el nombre de Jesús.

Toda puerta que impide que mis hijos nazcan, Yo destruyo por el fuego en el nombre de Jesucristo.

Padre, te ruego que restaures cada parte de mí que ha sido manipulada o afectada negativamente; y que ha traído esterilidad sobre mí en el nombre de Jesús. Señor, sáname totalmente.

 Está escrito: "Por las llagas de Jesucristo, estoy curado". (Pedro 2 2:24) Recibo sanidad total y restauración en mi cuerpo y sistema reproductivo en el nombre de Jesús.

Padre, en Tu Santa Palabra, nadie que te sirva de verdad, permaneció ni estéril ni infructuoso. Dios mío, ya no puedo permanecer estéril en el nombre de Jesús.

Rechazo de mi vida y de mi matrimonio toda forma de esterilidad e infertilidad en el nombre de Jesucristo.

Destruyo todo poder de las tinieblas o de la personalidad causando un aborto espontáneo en mi vida y en mi matrimonio en el nombre de Jesús.

Rechazo el aborto espontáneo de mi vida en el nombre de Jesús.

Concebiré y daré a luz naturalmente, a su debido tiempo, en el nombre de Jesucristo.

Cada poder maligno asignado para atacar mi embarazo; te borro de la existencia, en el nombre de Jesús.

Cada persona, poderes o personalidades que estuvieron de acuerdo en que nunca estaré embarazada ni daré a luz en mi vida; yo ordeno al fuego del Espíritu Santo que los destruya a todos en el nombre de Jesús.

Cada proyección demoníaca en mi vientre causando infertilidad, te desarraigo y te destruyo en el nombre de Jesús.

Toda maldad doméstica que se niegue a liberar mi fecundidad y mis bendiciones, los haré pedazos en el nombre de Jesús.

Toda maldad doméstica que inflija estérilidad a mi matrimonio, ya sea por parte de mi familia o por parte de la familia de mi cónyuge, os ato y destruyo a vosotros y a vuestras obras en el nombre de Jesucristo.

Cada anticonceptivo satánico que el enemigo ha insertado en mi órgano reproductivo, yo ordeno que sea desarraigado y destruido por el fuego en el nombre de Jesús.

Día Ocho

Antes de orar, por favor siga las siguientes instrucciones.

a. Lea el pasaje de la Biblia a continuación

Josué 1 vs 3

a. Confiese todos sus pecados, conocidos y desconocidos

30 Puntos de Oración por Restauración/Poseer sus Posesiones

Yo decreto que cada palabra que sale de mi boca al orar hoy debe ser cumplida en el nombre de Jesús.

Libero el favor de Dios sobre mi vida en el nombre de Jesús.

Recibo la unción de la restauración de mi éxito, avances y bendiciones en el nombre de Jesús.

Yo ordeno la restauración total de todas mis bendiciones, los avances financieros, el éxito, el éxito financiero, los milagros, los avances de negocios que he perdido en el nombre de Jesús.

A cada persona o personalidad que ha tomado mis bendiciones y descubrimientos, le ordeno que la libere en el nombre de Jesús.

Yo ato y echo fuera a cada hombre fuerte en mi vida, familia o ambiente que se niega a liberar mis bendiciones, avance, milagro, promoción o prosperidad en el nombre de Jesús.

Yo recupero de las manos del enemigo cualquier cosa de mi posesión que yo sin saberlo extravié, en el nombre de Jesús.

Yo ordeno la restauración séptuple de las bendiciones, los avances, el éxito financiero, los milagros y todo lo que el enemigo me ha quitado, en el nombre de Jesús.

Oh Señor, restaura mis años perdidos en el nombre de Jesús.

Señor, restaura mis esfuerzos desperdiciados, dinero, salud, fuerza y bendiciones, en el nombre de Jesús.

Quito de mi vida con fuego toda barrera a mis descubrimientos y éxito en el nombre de Jesús.

Yo arranco y destruyo de mi vida por el Espíritu Santo cada obstáculo a mi milagro, éxito, avances, bendiciones en el nombre de Jesús.

Rompo en pedazos cada cuerno que esparce mis bendiciones, en el nombre de Jesucristo.

Destruyo cada cerco que el enemigo ha puesto sobre mis bendiciones para evitar que las reciba en mi vida, en el nombre de Jesús.

Cada poder maligno que retiene mis oraciones, o las respuestas a mis oraciones, les ordeno que sean atados, en el nombre de Jesús.

Libero a mi ayudante para que venga a mí ahora, en el nombre de Jesús.

Cada sombra de oscuridad que el enemigo ha proyectado sobre mí, para evitar que mi prosperidad, mi trabajo, mis contactos de negocios, mis ascensos o mis avances me localicen, la quito por el fuego, en el nombre de Jesucristo.

Yo decreto la destrucción total sobre cada persona que ha prometido no soltarme nada de lo que Dios ha destinado para mí, en el nombre de Jesús.

Yo rompo en pedazos cada pacto o maldición que obstruye la restauración divina en mi vida, en el nombre de Jesús.

Con la sangre de Jesucristo, rompo todo pacto que da ventaja al enemigo para quitarme las bendiciones que Dios me ha dado, en el nombre de Jesucristo.

Toda maldad doméstica que se come las bendiciones que Dios Todopoderoso ha concedido a mi vida y a mi familia, os destruyo a vosotros, en el nombre de Jesús.

Yo ordeno la restauración cien veces mayor de todo lo que el enemigo me quitó cuando estaba débil, en el nombre de Jesús.

Destruyo con fuego todos los cuernos asignados para esparcir mi prosperidad, familia, negocios y posesiones, en el nombre de Jesús.

Yo derribo cada piedra de tropiezo en mi camino hacia el éxito, la promoción y la victoria, en el nombre de Jesús.

Todo lo bueno que Dios ha destinado para mí, pero que está en posesión de otra persona, le ordeno que venga a mí ahora, en el nombre de Jesús.

Padre, te lo ruego, quita a cualquier persona o personalidad que se siente en mis bendiciones, milagros, avances, prosperidad, finanzas, trabajo o buena salud, en el nombre de Jesucristo.

Yo ordeno que mis bendiciones y posesiones vengan a mí desde dondequiera que estén ahora, en el nombre de Jesús.

Todas mis posesiones en el norte, sur, este u oeste, les ordeno que vengan a mí ahora, en el nombre de Jesús.

Todas mis posesiones en el reino de los espíritus, las libero en lo físico por medio del fuego, en el nombre de Jesucristo.

Recibo cien veces más restauración de todo lo que he perdido, en el nombre de Jesús.

Recibo una restauración cien veces mayor de todo lo que el enemigo me robó, en el nombre de Jesucristo.

Día Nueve

Antes de orar, por favor siga las siguientes instrucciones.

a. Lea los siguientes pasajes de la Biblia

Salmo 115:14, Deuteronomio 8:18

b. Confiese todos sus pecados, conocidos y desconocidos

29 Puntos de Oración para la Restauración Financiera

Me arrepiento de toda infidelidad financiera en mi vida. Padre, por favor, perdóname.

Dios Padre te doy gracias por darme la sabiduría para hacer riqueza en el nombre de Jesús.

Sello totalmente cada agujero espiritual que el enemigo ha cavado en mi bolso, billetera, bolsa de dinero o cuenta en el nombre de Jesús.

Cada instrumento del enemigo diseñado para derribarme financieramente, yo destruyo en el nombre de Jesús.

Destruyo con fuego todos los medios que el enemigo ha estado usando para desviar mis finanzas en el nombre de Jesús.

Desarraigo y destruyo cada obstáculo a mi avance financiero, prosperidad financiera y aumento en el nombre de Jesús.

Cada trato, contrato o contacto equivocado diseñado para malgastar mi dinero, lo rechazo en el nombre de Jesucristo.

Cada persona o personalidad que detenga mi expansión y multiplicación financiera, te ordeno que pierdas tu control y seas despedazado en pedazos en el nombre de Jesús.

Cada dinero malvado que me es dado causando un estorbo en mis finanzas, te borro de la existencia con el fuego del Espíritu Santo, en el nombre de Jesús.

Cada persona o personalidad enviada para robar mis finanzas, y los avances financieros te envío de vuelta con las manos vacías a tus remitentes; para destrucción total en el nombre de Jesús.

Yo rompo y destruyo cada fortaleza por mi aumento financiero en el nombre de Jesús.

El dinero que le di a alguien y que fue usado en mi contra, lo rechazo y sus efectos en el nombre de Jesús.

Yo ordeno que el dinero y las bendiciones financieras me ubiquen ahora en el nombre de Jesús.

Recibo cien veces más restauración de mis finanzas desperdiciadas en el nombre de Jesucristo.

Destruyo en el nombre de Jesús toda imaginación de los malvados en lo que concierne a mis finanzas.

Rechazo todo trabajo o negocio extraño diseñado para distraerme de mis hazañas financieras destinadas por Dios, en el nombre de Jesús.

Destruyo de mi vida toda semilla de pobreza y carencia, en el nombre de Jesús.

Todo árbol que produce malos frutos contra mi dominio financiero, lo arranco de raíz y lo consumo con el fuego del Espíritu Santo, en el nombre de Jesús.

Abro todas las puertas financieras cerradas contra mí, por el fuego, en el nombre de Jesús.

Recibo un avance financiero en el nombre de Jesús.

Yo ordeno que cada trampa financiera que el enemigo ha cavado para mí sea cubierta, en el nombre de Jesús.

Todo fundamento de maldad que niegue mi liberación financiera será destruido por el fuego, en el nombre de Jesús.

Cualquier poder que cause un retraso en mi vida (menciona el área que sabes que estás teniendo un retraso), oh Señor, destrúyelos con fuego.

Cualquier persona de la casa de mi padre que cause un retraso en mi avance, morirá en el Nombre de Jesús.

Silencio todo poder de demora dirigido contra mi vida, en el nombre de Jesús.

Espíritu de demora No soy tu candidato, nunca más apareceré en mi vida en el Nombre de Jesús Amén.

Oh Señor, no hagas caso a todos los malos consejeros y consejos en contra de mi avance.

Yo destruyo con fuego a la malvada pandilla de mi enemigo deliberando sobre cómo retrasar mi progreso en la vida en el Nombre de Jesús Amén.

Oh Señor, cubre mi nombre con fuego y favor, no más demora en mi descubrimiento.

Yo ordeno que cualquier cosa que crezca o esté presente en mi vida y que sea contraria a la voluntad de Dios, muera en el nombre de Jesús.

Rechazo el retraso en el progreso plantado en mí por la esposa del padre y hago que todo su poder sea inútil en el Nombre de Jesús Amén.

Silencio a todo falso profeta que hable en contra de mi avance en el nombre de Jesús.

Oh Señor, mata a todo falso profeta contratado contra mi vida para causar un retraso en un avance.

Ordeno que todos mis beneficios y avances financieros encarcelados sean liberados, en el nombre de Jesús.

Que el fuego del trueno de Dios derribe todas las fortalezas demoníacas que demoran la fabricación de mi vida.

Oh Señor, ungeme con el poder de perseguir, alcanzar y recuperar mis propiedades robadas del poder de la demora.

Le ordeno al diablo que quite sus piernas de mi destino en el nombre de Jesús.

Yo ordeno que cada vehículo demoníaco que cargue mis beneficios sea paralizado en el nombre de Jesús.

Recibo el poder de perseguir a cada perseguidor obstinado en el Mar Rojo.

Día Diez

Antes de orar, por favor siga las siguientes instrucciones.

a. **Lea el pasaje de la Biblia a continuación**

Colosenses 3:5

a. Confiesa todos tus pecados, conocidos y desconocidos

b. PENSAR EN EL SEXO CADA VEZ RETRASARÁ Y DETENDRÁ SUS BENDICIONES. USTED NECESITA ORAR LOS SIGUIENTES 44 PUNTOS DE ORACIÓN PARA SUPERAR LA FORTALEZA SEXUAL. LOS ENEMIGOS USAN ESTO PARA RETRASAR SUS BENDICIONES.

44 ORACIONES PARA SUPERAR LA FORTALEZA SEXUAL

1 Juan 1:9; Santiago 5:16; Romanos 6:12-18; 1 Corintios 6:9-20; 2 Corintios 7:1; Gálatas 5:16-23; Colosenses 3:5; 1 Tesalonicenses 4:3-5; 2 Timoteo 2:22; Hebreos 13:4

Padre Celestial, te agradezco por las bendiciones que me han llegado de mis ancestros en la línea de mi padre y en la línea de mi madre.

Pero también reconozco que como resultado de sus creencias y prácticas pecaminosas, ellos también pecaron contra ti de muchas maneras.

Hoy elijo perdonar a mis antepasados por las consecuencias de sus pecados sexuales que me han afectado.

Por favor, rompe el yugo y el poder de esta maldición generacional de pecados sexuales de mí.

Por favor, perdóname a mí también por mis propios pecados sexuales.

Sé que estoy esclavizado a estos pecados y que soy impotente para liberarme.

Reconozco que Tú puedes ayudarme y que Jesús ya ha pagado la deuda de mi pecado.

Todo lo que necesito hacer es reclamarlo personalmente, porque Jesús, había nacido con todos mis pecados, pasados, presentes y futuros cuando murió por mí en la cruz.

Acepto el regalo de la gracia que se me ofrece a través de la muerte sacrificial de Jesús.

Te agradezco que sepas todo sobre mí. Ayúdame a ser completamente sincero contigo. No necesito esconderme más.

Si confieso mis pecados, Tú eres fiel y justo y perdonarás mis pecados y me purificarás de toda maldad (1 Juan 1:9).

Padre, ¡Tú enviaste a Jesús a rescatarme de este cuerpo de muerte!

No tengo que ser prisionero para pecar. Esta batalla que se enfurece sobre mi cuerpo se origina en mi mente haciéndome esclavo del pecado que todavía está presente en mí.

Ahora mismo, entrego mi mente a Ti.

Por favor, limpia mi mente en los niveles consciente, subconsciente e inconsciente.

Jesús, por favor Señor, por encima de mi mente, mis patrones de pensamiento y mis actitudes.

Me has buscado y me conoces. Tú sabes cuándo me siento y cuándo me levanto; Tú percibes mis pensamientos desde lejos. Tú disciernes mi salida y mi reposo; Tú conoces todos mis caminos (Salmo 139:1-3).

Ven y habita en mí, Señor, por tu Espíritu Santo, y libérame para vivir en tu vida de resurrección.

Por favor, rompa el control y la manipulación de los pensamientos e imágenes sexuales sobre mi mente, cuerpo y sexualidad.

Por favor perdóname y libérame de todas las consecuencias de mis pecados.

Por favor, límpiame de toda contaminación de espíritu, mente, voluntad, emociones y cuerpo.

Limpia mis ojos, oídos, manos y órganos sexuales también.

En el nombre de Jesús, Padre, quítame todos los espíritus sexuales de la lujuria.

La razón por la que Jesús apareció fue para destruir la obra del diablo (1 Juan 3:7-8).

Señor, he sido parte voluntaria del trabajo del diablo. Gracias porque apareciste en esta tierra para morir y resucitar para destruir su obra.

Por favor, destruye las obras que el diablo ha realizado en mí y a través de mí. Apartadme para vuestro trabajo de ahora en adelante.

De acuerdo a Tu Palabra, nadie que es nacido de Dios continuará pecando, porque la semilla de Dios permanece en él (1 Juan 3:9).

Por favor ayúdame a entender y admitir que no puedo simplemente seguir y seguir indefinidamente en mi pecado y decir que te pertenezco.

Te reconozco que mi cuerpo no fue hecho para la inmoralidad sexual, sino para Ti, Señor.

Se suponía que tenías que tomar autoridad sobre este cuerpo y traerle santificación y significado.

Sé que mi cuerpo es un miembro de Cristo mismo.

No tomaré entonces a los miembros de Cristo y los uniré en relaciones sexuales impías, ya sean reales o virtuales (1 Cor 6, 13-15).

Renuncio al uso de mi cuerpo como un instrumento de injusticia y al hacerlo, te pido que rompas la fortaleza sexual que el diablo ha traído a mi vida y que ha afectado mis bendiciones.

Por favor, ayúdame a ejercer un control piadoso sobre mis impulsos sexuales.

Simplemente he abusado de mi cuerpo. Por favor, límpialo para tu uso.

Te presento mi cuerpo como un sacrificio vivo, santo y aceptable para Ti y elijo reservar el uso sexual de mi cuerpo solo con mi esposa.

En el nombre de Jesús, renuncio a la mentira del diablo de que mi cuerpo no está limpio.

Padre, te agradezco que me hayas limpiado totalmente incondicionalmente, mi avance financiero, mi éxito y mis bendiciones aparecen ahora.

Jesús agrada al Señor sobre mi cuerpo y mis apetitos corporales, mi sexualidad y mis expresiones sexuales.

Por lo tanto, ahora puedo aceptarme a mí mismo. Y elijo aceptarme a mí mismo y a mi cuerpo como limpio, en el nombre de Jesús.

Yo sé que mi cuerpo es templo del Espíritu Santo, que está en mí, a quien he recibido de Ti. No soy mío, me compraron por un precio. Por lo tanto, ayúdame a honrarte con mi cuerpo (1 Corintios 6:19-20).

Ya que he resucitado con Cristo, ayúdame a poner mi corazón en las cosas de arriba, donde Cristo está sentado a Tu diestra, no en las cosas terrenales (Colosenses 3:1).

Por favor, toma mis pasiones y redirígelas primero hacia Ti. Ser el foco principal de todas mis pasiones y crear un nuevo corazón dentro de mí. ¡En el nombre de Jesús. Amén!

Día Once

Antes de orar, por favor siga las siguientes instrucciones.

a. Lea el pasaje de la Biblia a continuación

1 Reyes 11:28

b. Confiesa todos tus pecados, conocidos y desconocidos

30 Puntos de Oración por el retraso de la promoción

Destruyo cada reunión de brujería deliberando sobre cómo retrasarán la promoción y las bendiciones dadas por mi Dios en el Nombre de Jesús.

Oh Señor, envía confusión y frustración al campamento de mi enemigo que ya está planeando revisar mi éxito y promoción en el Nombre de Jesús.

Oh Señor, inutiliza el poder de mis enemigos en el Nombre de Jesús.

Me libero de toda asociación que esté ministrando disfavor en mi vida.

Rechazo y me arrepiento de cualquier estilo de vida que haya retrasado mis promociones

Señor, bástame con el espíritu de gracia, súplica y favor.

Rechazo el espíritu de rechazo, desfavor, y odio en el nombre de Jesús.

Tu semilla de rechazo generacional y de desaprobación, muere en mi vida en el nombre de Jesús.

Señor, perfuma mi vida con tu aceite de favor.

Tú favoreces a Dios en mi vida, comienza a desplazar a la gente por mi causa.

El favor de Dios, crear vacantes estratégicas para mí.

Tu espíritu fundacional de odio y rechazo en mi vida, muere ahora mismo en el nombre de Jesús.

Toda semilla de brujería en mi vida; muere en el fuego.

Ordeno que toda representación y marca de rechazo en mi vida se queme y perezca.

Toda semilla de rechazo, odio y fracaso en mi vida, te ordeno que seas consumida por el fuego de Dios en el nombre de Jesús.

Cada maldición, hechizo, gafe, y encantamiento de disfavor en mi vida, ya sea adquirida, heredada, ancestral o ambiental, sea destruida desde mi fundación en el poderoso nombre de Jesús.

Todo espíritu que sirva y haga cumplir el desdén, el rechazo y el odio en mi vida, sea atado y liquidado por el fuego de Dios en el nombre de Jesús.

Que el fuego y el trueno de Dios visiten mis cimientos tanto en el lado materno como en el paterno.

Todos ustedes, marcas invisibles y etiquetas de rechazo y de desaprobación en cualquier parte de mi cuerpo, sean borrados por la sangre de Jesús.

Padre, desde ahora, convierte mi desgracia en gracia, mi vergüenza en fama, mi trabajo en favor, mi historia en gloria, mi presión en placer y mi dolor en ganancia, mi fracaso en el éxito, mi pobreza en riquezas, en el nombre de Jesús.

Cada área de mi vida que he perdido por el fracaso y la falta de logros, ordeno ser restaurada y las bendiciones, los avances financieros, el éxito financiero, todos los avances serán míos en el nombre de Jesús.

Ustedes, espíritus de rechazo y odio, pierden el control de mi vida, de mi éxito y de los avances en el nombre de Jesús.

Está escrito de mí que debido a que medito en la Palabra de Dios y busco hacer Su voluntad, cualquier cosa que ponga mis manos sobre mí tendrá éxito, y producirá avances financieros. Por lo tanto, rechazo el espíritu de fracaso en cualquier área de mi vida. Soy un éxito en la vida, en mi profesión, en mi carrera, en mi negocio y en mi matrimonio. Otros pueden haber fallado, pero yo creo en un Dios que no puede fallar. Yo soy Su hijo. Estoy trabajando en asociación con Él. Porque Él está de mi lado, ya no seré un fracaso en el nombre de Jesús.

Yo ordeno que toda mi bondad enterrada, el progreso financiero y la prosperidad comiencen a resucitar en el poderoso nombre de Jesús.

 Padre, soy un hijo de amor, gracia y favor; por lo tanto, rechazo cualquier forma de rechazo en el nombre de Jesús.

 Rompo cualquier hechizo, maldición, gafe, y encantamiento de fracaso y rechazo en mi vida ahora mismo en el nombre de Jesús.

Padre, perfuma mi vida con el aroma de Cristo, para que de ahora en adelante la gente buena y servicial se sienta atraída hacia mí en el nombre de Jesús.

Espíritu Santo, hoy entro en tu gracia divina. Que el aceite de tu favor comience a fluir sobre mí. Dondequiera que mire, que se me abran las puertas. Cualquier cosa sobre la que ponga mis manos, que tengan éxito y produzcan bendiciones, avances financieros, éxito financiero y éxito en el nombre del Señor Jesús.

 Padre, de ahora en adelante, haz que sea imposible que alguien diga que no a mis sinceras peticiones en el nombre de Jesús.

Padre, dé a todos los miembros de cualquier panel o comité que decidan sobre mi caso o que me causen un favor especial y que me quieran en el nombre de Jesús.

Día Doce

Antes de orar, por favor siga las siguientes instrucciones.

a. Lea los siguientes pasajes de la Biblia

Daniel 5:12

b. Confiesa todos tus pecados, conocidos y desconocidos

30 PUNTOS DE ORACIÓN por Excelencia 1

Señor, saca la miel de la roca para mí este año.

Señor, abre todas las buenas puertas de mi vida que la maldad de la casa ha cerrado.

Que todos los diseños en contra de los avances y las bendiciones en contra de mi vida sean destrozados en pedazos irreparables en el nombre de Jesús.

Paraliza todo el antagonismo satánico contra mi éxito, los avances, el éxito financiero, los avances financieros y las bendiciones desde el vientre materno en el nombre de Jesús.

Señor, amplía mi costa más allá de mi sueño más salvaje en el nombre de Jesús.

Reclamo de vuelta todos mis bienes que actualmente residen en manos equivocadas en el nombre de Jesús.

Oh Señor, arranca de raíz las cosas malas que están en contra de mi avance de mi vida.

Oh Señor, planta cosas buenas que hagan avanzar mi causa en mi vida.

Que cada debilidad espiritual en mi vida reciba una terminación permanente en el nombre de Jesús.

Que cada fracaso financiero en mi vida reciba una terminación permanente en el nombre de Jesús.

Desafío mi problema con el fuego de Dios y la sangre de Jesús.

Que toda contaminación en mi vida sea anulada por la sangre de Jesús.

Que cada maldad que se reúna para planear mi caída sea esparcida a la desolación en el nombre de Jesús.

Que toda manipulación demoníaca dirigida a cambiar mi destino, avance, éxito, bendiciones, sea frustrada en el nombre de Jesús.

Cada hombre fuerte apegado a mi vida, mis bendiciones, mis descubrimientos, mis éxitos y mis descubrimientos financieros son paralizados y mueren en el nombre de Jesús.

Que todo poder demoníaco local o internacional que esté haciendo vigilia nocturna por mi culpa sea dispersado por las piedras de fuego en el nombre de Jesús.

Yo desafío cada veneno espiritual en mi cuerpo con fuego del Espíritu Santo y ordeno su expulsión en el nombre de Jesús.

Recibo fuerzas para hacer lo que mis enemigos dicen que es imposible en el nombre de Jesús.

Toda bondad mía que haya sido tragada espiritualmente debe ser liberada en el nombre de Jesús.

Yo ordeno a todo poder que prolongue cualquier batalla en mi vida que reciba una derrota permanente en el nombre de Jesús.

Yo ordeno a los extranjeros que se vayan de la casa de mi vida en el nombre de Jesús.

Te pido, padre, en el nombre de Jesús, que envíes a tus ángeles para que hagan venir a mi tesoro todo lo que los

Las promesas de Dios no fallarán en mi vida en el nombre de Jesús.

Hoy me libero de toda trampa demoníaca en el nombre de Jesús.

Declaro la confusión en el campo de los opresores.

Cualquier poder que me dé el mandato de maldecir y obstaculizar mi progreso, dar un salto de verano y morir, en el nombre de Jesús.

Cada agente asignado para frustrarme en otro para no tener éxito en la vida, perece por el fuego, en el nombre de Jesús.

Dios, aplástame y renueva mi fuerza y poder para ser grande en la vida, en el nombre de Jesús.

Señor, enciende mi carrera, negocios y ministerio con Tu fuego en el nombre de Jesús.

Cada candado espiritual malvado y cada cadena malvada que obstaculiza mi éxito, los avances, las bendiciones, los milagros y los avances sean asados, en el nombre de Jesús.

Señor, unge mis ojos y mis oídos para que puedan ver y oír cosas maravillosas del cielo.

Día Trece

Antes de orar, por favor siga las siguientes instrucciones.

a.   Lea el pasaje de la Biblia a continuación

Filipenses 1:9-10

b.   Confiese todos sus pecados, conocidos y desconocidos

30 PUNTOS DE ORACIÓN por Excelencia 2

Que la sangre de Jesús elimine cualquier etiqueta no progresiva de cada aspecto de mi vida, en el nombre de Jesús.

En el nombre de Jesús, me niego a temer, porque Dios no me ha dado el espíritu de temor, sino de poder y de amor y de una mente sana.

Ato el espíritu del miedo en mi vida porque sé que el miedo no me hará alcanzar el éxito, el avance financiero y las bendiciones, por lo tanto, el miedo debe desaparecer ahora en mi vida en el nombre de Jesús.

Yo rompo todo pacto maligno que ha traído temor a mi vida, en el nombre de Jesús.

Le ordeno a cada terror de la noche que ha traído el miedo a mi vida que se detenga y se aleje de mi entorno, en el nombre de Jesús.

Todas las puertas negativas que el espíritu de temor ha abierto en el pasado, que se cierren ahora, en el nombre de Jesús.

Cada enfermedad, opresión y depresión que entró en mi vida como resultado del miedo, desaparece ahora, en el nombre de Jesús.

Esta sesión se titula: Poder contra el Patrón del Mal

Cada plantación de brujería en mi familia, ¿qué estás esperando? Muere, en el nombre de Jesús.

Cada patrón de brujería doméstica en mi familia, te entierro hoy, en el nombre de Jesús.

Oh Dios, levántate, y deja que cada poder de brujería libere mi destino, los avances, milagros, éxitos, avances financieros, en el nombre de Jesús.

Cada fortaleza de muerte y tragedia en mi familia, esparcida por el fuego, en el nombre de Jesús.

Cada mensajero de la muerte que opera en mi línea familiar, muere en el nombre de Jesús. Lograré abundantes avances, avances financieros ahora por el poder en la sangre de Jesús.

Toda vestidura de maldad contra mi meta divina, asada, en el nombre de Jesús.

Cada patrón malvado de no logro en mi familia se despeja ahora, en el nombre de Jesús.

Cada gigante de casi —en mi familia, se muere, en el nombre de Jesús—.

Tú, malvado patrón de pobreza, muere, en el nombre de Jesús.

El Señor debería quitarme una catarata espiritual de los ojos.

Señor, abre mi entendimiento.

Señor, enséñame cosas profundas y secretas.

Señor, revélame cada secreto detrás de cualquier problema que tenga.

Señor, debe traer a la luz todo lo que se ha planeado contra mí en las tinieblas.

El Señor debe encender y revivir mis potenciales beneficiosos.

Yo ato a cada demonio que contamina la visión espiritual y los sueños en el nombre de Jesús.

Que toda suciedad que bloquee mi tubo de comunicación con el Dios viviente sea lavada con la sangre de Jesús.

Recibo poder para operar con ojos espirituales agudos que no pueden ser engañados en el nombre de Jesús.

Deje que un negocio provechoso me encuentre en el camino en el nombre de Jesús.

Ningún devorador destruirá el fruto de mi trabajo en el nombre de Jesús.

Devoradores y derrochadores de fortuna, os ordeno que os apartéis de mi vida en el nombre de Jesús.

Utilizo la Sangre de Jesucristo para lavar mis manos y todo mi cuerpo y limpiarlos hoy.

Recupero mis bendiciones, mis descubrimientos, mi éxito y favor de cada mal ataque en el nombre de Jesús.

Día Catorce

Antes de orar, por favor siga las siguientes instrucciones.

a. Lea el pasaje de la Biblia a continuación

Colosenses 3:23

b. Confiese todos sus pecados, conocidos y desconocidos

30 PUNTOS DE ORACIÓN por Excelencia 3

Rompo toda maldición de fracaso en el nombre de Jesús.

Que el espíritu de favor se abra sobre mí a donde quiera que vaya con respecto a mis asuntos.

Padre, te pedimos en el nombre de Jesús que envíes espíritus ministrantes para traer prosperidad a mi negocio.

Que los hombres me bendigan donde quiera que vaya.

Libero mi negocio de las garras del hambre financiera en el nombre de Jesús.

Desato ángeles en el poderoso nombre de Jesús para que vayan y creen favor para mi compañía.

Que todos los obstáculos financieros sean removidos en el nombre de Jesús.

Todas las bendiciones y avances destruidos por la poligamia, sean revertidos, en el nombre de Jesús.

Cada poder de brujería que trabaja en contra de mi éxito y milagro, cae y muere, en el nombre de Jesús.

Cada encantamiento y ritual que trabaje en contra de mis descubrimientos, éxito y milagro sea deshonrado, en el nombre de Jesús.

Cada poder de las tinieblas asignado contra mi destino, cae y muere, en el nombre de Jesús.

Cada poder maligno tratando de reprogramar mi vida, caer y morir, en el nombre de Jesús.

Rechazo cada reordenamiento de mi éxito, éxito financiero, avances y avances financieros por la maldad de la familia, en el nombre de Jesús.

Padre Señor, que Cristo habite en mi corazón por la fe, en el nombre de Jesús.

Padre Señor, permíteme arraigarme y cimentarme en el amor, en el nombre de Jesús.

Oh, Señor, déjame ser lleno de toda la plenitud de Dios.

Que la palabra del Señor tenga curso libre y sea glorificada en mí, en el nombre de Jesús.

Que el Señor de la paz me dé paz en todas las áreas de la vida, en el nombre de Jesús.

Oh Señor, perfecciona lo que falta en mi fe.

Señor, ábreme las puertas de la oportunidad a través de esta oración, en el nombre de Jesús.

Recupero todo el terreno que había perdido ante el enemigo, en el nombre de Jesús.

Yo ordeno que se abran todas las puertas de las cosas buenas, cerradas contra mí por el enemigo, en el nombre de Jesús.

Rechazo el espíritu de la imposibilidad; reclamo puertas abiertas, en el nombre de Jesús.

Yo decreto la restauración siete veces en.... áreas de mi vida, mi destino en el nombre de Jesús.

Poseo el poder de perseguir, alcanzar y recuperar mis bienes, mi éxito y milagro de los egipcios espirituales, en el nombre de Jesús.

Señor, haz de mi vida un milagro y sé glorificado en cada área de ella, en el nombre d

Que todas las potencialidades y dones ocultos que me hagan grande, robados de mí, sean restaurados 21 veces, en el nombre de Jesús.

Que todos los hombres de seguridad a cargo de los bancos satánicos que albergan mis bendiciones, avances, avances financieros y éxitos sean paralizados, en el nombre de Jesús.

Termino el nombramiento de todos los banqueros y administradores satánicos que retengan mis bendiciones en el nombre de Jesús.

Día Quince

Antes de orar, por favor siga las siguientes instrucciones.

**a.	Lea el pasaje de la Biblia a continuación**

2 Pedro 1:3-4

**b.	Confiesa todos tus pecados, conocidos y desconocidos**

30 PUNTOS DE ORACIÓN por Excelencia 4

Yo ordeno al trueno de Dios que rompa en pedazos todos los cuartos fuertes satánicos que albergan mis bendiciones, en el nombre de Jesús.

Poseo todos mis avances, en el nombre de Jesús.

Que todos los instrumentos satánicos usados contra mi éxito sean completamente destruidos, en el nombre de Jesús.

Yo ordeno que todas las cámaras satánicas de compensación y agentes sean asados, en el nombre de Jesús.

Paralizo completamente todas las transacciones y contratos satánicos contra mi vida, en el nombre de Jesús.

Que todas las redes satánicas y las computadoras creadas en mi contra sean desorganizadas, en el nombre de Jesús.

Padre Celestial, que toda la sangre que ha sido almacenada en el banco satánico salga, en el nombre de Jesús.

Todo espíritu de limitación contra mis avances muere, en el nombre de Jesús.

Todo poder de degradación dirigido contra mi descubrimiento, muere, en el nombre de Jesús.

Todo espíritu, poder y personalidad que trabaje en contra de mi elevación, morirá en el nombre de Jesús.

Me niego a cargar con el mal que queda de mi familia, en el nombre de Jesús.

Todo mal que se oponga a mi éxito, muere, en el nombre de Jesús.

Toda maldición ancestral que atente contra mi progreso, muere, en el nombre de Jesús.

Oh Dios, levántate y comienza no solo a deshonrar a todos mis Goliaths sino también a destruirlos en el nombre de Jesús.

Que mi Faraón muera en su propio Mar Rojo, en el nombre de Jesús.

Disparo cada flecha de degradación espiritual, en el nombre de Jesús.

Disparo cada flecha de degradación física, en el nombre de Jesús.

Le devuelvo cada flecha de degradación financiera, en el nombre de Jesús.

Devuelvo cada flecha de la degradación matrimonial, en el nombre de Jesús.

Señor, planta cosas buenas en mi vida.

Señor, arranca las cosas malas de mi vida,

Cancelo todo acuerdo negativo inconsciente, en el nombre de Jesús.

Que toda debilidad espiritual en mi vida reciba terminación ahora, en el nombre de Jesús.

Que cada fracaso financiero en mi vida reciba la terminación ahora, en el nombre de Jesús.

Que toda enfermedad en mi vida reciba terminación ahora, en el nombre de Jesús.

Que todo arquitecto de problemas reciba la terminación ahora, en el nombre de Jesús.

Paralizar a todos los lobos espirituales que trabajan en contra de mi vida, en el nombre de Jesús.

Que lo que me impide la grandeza comience a ceder ahora, en el poderoso nombre de Jesús.

Que cada potencial encarcelado y enterrado comience a salir ahora, en el nombre de Jesús.

Día Dieciséis

Antes de orar, por favor siga las siguientes instrucciones.

a.   Lea el pasaje de la Biblia a continuación

Efesios 6:7-8

b.   Confiese todos sus pecados, conocidos y desconocidos

30 PUNTOS DE ORACIÓN por Excelencia 5

A partir de hoy, recibo el poder para un nuevo comienzo en el nombre de Jesús.

Padre, te dedico y consagro las obras de mis manos a partir de hoy, en el nombre de Jesús.

Padre Todopoderoso, inicia un hambre y demanda de mis habilidades y talentos, bienes y servicios en el nombre de Jesús.

Utilizo la sangre de Jesús para lavarme las manos y limpiar mis productos/servicios hoy en día en el nombre de Jesús.

Oh Señor, dame el espíritu de favor en todas mis transacciones comerciales en el nombre de Jesús.

Cualquier cosa en mi vida que no esté haciendo que mi avance y éxito se manifieste será destruida inmediatamente en el nombre de Jesús.

Toda virtud de mi vida enterrada por poderes malignos, sal ahora en el nombre de Jesús.

Toda riqueza que me fue robada por mi madrastra cuando yo era un bebé, ahora te re-poseo en el nombre de Jesús.

Oh, cielos sobre mis finanzas, ábrete ahora en el nombre de Jesús.

Que la riqueza salte de la habitación de los malvados y localícenme ahora en el nombre de Jesús.

Ángeles de la pobreza, alejados de las puertas de mis descubrimientos en el nombre de Jesús.

Ángeles del Dios viviente, persiguen la riqueza, los avances, el éxito, los avances financieros, las bendiciones en mis manos en el nombre de Jesús.

Todos los efectos negativos de mis antepasados sobre mis finanzas, sean revertidos por la sangre de Jesús.

Pongo mi pie en la tierra y declaro que esta tierra debe cooperar conmigo en el poderoso nombre de Jesús".

Ángeles portales de Dios, abridme los depósitos de Dios en el nombre de Jesús.

Cada poder de la casa de mi padre trabajando para degradar mi éxito y promoción, muere en el nombre de Jesús.

Cada ataque de brujería a la puerta de mis descubrimientos, sea sepultado ahora en el nombre de Jesús.

Cada uno de mis éxitos financieros que la ira ha robado de mi vida; ahora los recupero en el nobre de Jesús.

Me niego a desanimarme al borde de mi avance en el nombre de Jesús.

Me niego a ser provocado a la puerta de mi éxito en el nombre de Jesús.

Recupero mi parte de las manos de parientes muertos en el poderoso nombre de Jesús.

Toda mi herencia que ha sido transferida a otro, te ordeno que regreses en el nombre de Jesús.

Yo rompo la columna vertebral de todo espíritu de conspiración y traición contra mí en el nombre de Jesús.

Que el fuego del Señor purgue mis finanzas y negocios de toda marca de maldad en el nombre de Jesús.

Oh Señor, perdóname por cualquier acción, pensamiento o decisión equivocada en la que me haya involucrado.

Oh Señor, abre mis ojos para ver en el espíritu en el nombre de Jesús.

Oh Señor, dame la sabiduría para alejarme de las trampas satánicas y de las trampas en el nombre de Jesús.

Frustro cada veredicto satánico en mi contra en el nombre de Jesús.

Que el dedo, el terror, la ira, el miedo, la ira, el odio y el juicio ardiente de Dios sean liberados sobre mis enemigos a tiempo completo en el nombre de Jesús.

Todo poder que impida que la perfecta voluntad de Dios suceda en mi vida, recibe el fracaso y la derrota en el nombre de Jesús.

Día Diecisiete

Antes de orar, por favor siga las siguientes instrucciones.

a.   Lea el pasaje de la Biblia a continuación

2 Corintios 8:7

b.   Confiese todos sus pecados, conocidos y desconocidos

30 PUNTOS DE ORACIÓN por Excelencia 6

Que los ángeles guerreros y el Espíritu de Dios se levanten y dispersen toda reunión malvada patrocinada contra mí en el nombre de Jesús.

Desobedezco toda orden satánica programada por herencia en mi vida, en el nombre de Jesús.

Yo ato y echo fuera cualquier poder que cause guerra interna en mi vida, en el nombre de Jesús.

Todo portero demoníaco que bloquea cosas buenas contra mí, queda paralizado por el fuego en el nombre de Jesús.

Yo ordeno a todo poder maligno que luche contra mí que se dé la vuelta y luche contra sí mismo hasta que todos sean destruidos en el nombre de Jesús.

Todo demonio que obstaculice, retrase, prevenga o destruya mis descubrimientos, os ordeno que entréis en la fosa en el nombre de Jesús.

Yo mando la guerra civil en el reino de mis enemigos en el nombre de Jesús.

Recibo el poder de obtener riquezas en el nombre de Jesús.

Padre mío y Señor mío, te doy gracias por responder estas oraciones en el nombre de Jesús.

Señor, por todo el poder por el cual eres conocido como Dios, que mi prosperidad aparezca en el nombre de Jesús.

Por el trueno, abrí todas las puertas cerradas a mi éxito ahora en el Nombre de Jesucristo, ¡Amén!

Señor, te pido puertas abiertas en mi negocio, todo para tu gloria en Cristo Jesús, ¡Amén!

Recibo puertas espirituales abiertas para mi descubrimiento, y el descubrimiento financiero por medio del fuego en el Nombre de Jesucristo, ¡Amén!

Yo recibo el poder de hacer y obtener riquezas en el Nombre de Jesucristo, ¡Amén!

Yo pido puertas abiertas a las naciones en el Nombre de Jesucristo, Amén.

Recibo testimonios de puertas abiertas en mi carrera, trabajo, matrimonio y ministerio en adelante en el Nombre de Jesucristo, ¡Amén!

Padre mío, toma mi mano derecha para abrir puertas que no pueden ser cerradas por los enemigos en el Nombre de Jesucristo, Amén (Isaías 45:1)

Este año es mi año de grandeza inusual. ¡Por eso SEÑOR! Ábreme puertas inusuales de grandeza que no pueden ser cerradas de nuevo en el Nombre de Jesucristo, ¡Amén!

Yo entro, oh SEÑOR, en mis puertas abiertas y divinos avances financieros y éxito por el fuego ahora en el Nombre de Jesucristo, ¡Amén!

Señor, ábreme las puertas de la oportunidad a través de esta oración, en el nombre de Jesús.

Yo ordeno que todas las fuerzas malvadas y desconocidas organizadas contra mi vida sean dispersadas, en el nombre de Jesús.

Paralizo toda actividad de los parásitos físicos y espirituales y de los devoradores de mi avance, en el nombre de Jesús.

Poderes que me niegan mis debidos milagros, reciben las piedras de fuego, en el nombre de Jesús.

Recupero todo el terreno que había perdido ante el enemigo, en el nombre de Jesús.

Ato el espíritu de depresión, frustración y desilusión en mi vida, en el nombre de Jesús.

Cirujanos celestiales, realicen las operaciones quirúrgicas necesarias en todas las áreas de mi vida, en el nombre de Jesús.

Señor Jesús, realiza todas las reparaciones necesarias para mi vida. Decretar agresivamente

Día Dieciocho

Antes de orar, por favor siga las siguientes instrucciones.

a.   Lea el pasaje de la Biblia a continuación

Salmos 119:99

c.   Confiese todos sus pecados, conocidos y desconocidos

20 PUNTOS DE ORACIÓN por Excelencia 7

Que todos los parásitos que se alimentan de cualquier área de mi vida sean asados en el nombre de Jesús.

El fuego de Dios, consume el malvado reloj del enemigo que está trabajando contra mi vida, en el nombre de Jesús.

Mi vida no es un terreno fértil para que el mal prospere, en el nombre de Jesús.

Yo ordeno que se abran todas las puertas de las cosas buenas, cerradas contra mí por el enemigo, en el nombre de Jesús.

Rechazo el espíritu de la imposibilidad; reclamo puertas abiertas, en el nombre de Jesús.

Declaro la restauración siete veces en.... áreas de mi vida, en el nombre de Jesús.

Me niego a hacer la guerra contra mí mismo, en el nombre de Jesús.

Señor, haz de mi caso un milagro. Sorprende a mis enemigos, amigos, e incluso a mí mismo, en el nombre de Jesús.

Señor, dame la solución a cualquier problema que se me presente, en el nombre de Jesús.

Árboles de problemas en mi vida, secos hasta las raíces, en el nombre de Jesús.

Muros de oposición física y espiritual caen después de la orden de Jericó, en el nombre de Jesús.

Muera mi rey Uzías para que pueda ver Tu rostro, Señor, en el nombre de Jesús.

Poseo el poder de perseguir, alcanzar y recuperar mis bienes de los egipcios espirituales, en el nombre de Jesús.

Que cada hechizo, gafe y encantamientos demoníacos rendidos en mi contra sean cancelados, en el nombre de Jesús.

Cancelo todo efecto de cualquier ayuda extraña recibida de Egipto con respecto a este problema, en el nombre de Jesús.

Señor, sana todas las heridas y balas espirituales sufridas por los ataques del enemigo.

Que todas las potencialidades y dones ocultos que me hagan grande, robados de mí, sean restaurados 21 veces, en el nombre de Jesús.

Rechazo el espíritu de arrepentimiento, tristeza y decepción, en el nombre de Jesús.

Señor, dame poder para un nuevo comienzo.

Señor, haz de mi vida un milagro y sé glorificado en cada área de ella, en el nombre de Jesús.

Señor Jesús, te doy gracias por responder a mi oración.

Día Diecinueve

Antes de orar, por favor siga las siguientes instrucciones.

a.   **Lea los siguientes pasajes de la Biblia**

b.   **Deuteronomio 28:1-14, 8:18**

c.   **Confiese todos sus pecados, conocidos y desconocidos**

30 puntos de oración por avances poco comunes

Derrota, te derroto por el poder en la sangre de Jesús.

Ya es suficiente. Poseo mi posesión para que mis descubrimientos aparezcan ahora por el fuego, en elnombre de Jesús.

Todo poder que perturba mi sueño, mi Dios te perturba hoy, en el nombre de Jesús.

Toda maldición de piernas largas, en mi familia, muere, en el nombre de Jesús.

Mis enemigos, mis problemas han terminado, ahora es tu turno, por lo tanto, lleva tus cargas: mis descubrimientos aparecerán ahora en el nombre de Jesús.

Todas las tinieblas que cuelgan de mi árbol genealógico, sean quebrantadas, en el nombre de Jesús.

Unción para deshonrar mis problemas, cae sobre mí, en el nombre de Jesús.

Yugos de retraso satánico, rompan, en el nombre de Jesús.

Cualquier poder que se duerma para hacerme daño, no despertarás, en el nombre de Jesús.

Rompo el ataúd de las tinieblas con el martillo de fuego, en el nombre de Jesús.

Buitres de las tinieblas, asignados contra mí, mueren, en el nombre de Jesús.

Siete Espíritus de Dios, manifestados en mi vida, en el nombre de Jesús. (Isaías 11:2)

Todo poder que quiera que yo sufra lo que sufrieron mis padres, muere, en el nombre de Jesús.

Cada tumba financiera cavada para mi descubrimiento, mi éxito, mi sabiduría esparcida, en el nombre de Jesús.

Cualquier problema asociado con cualquier pariente muerto, muere, en el nombre de Jesús.

Salto sobre el plan del enemigo de matarme, en el nombre de Jesús.

Puertas falsas, abiertas por el enemigo para mí, cierren, en el nombre de Jesús.

Tormentas de vida, encerradas por el fuego, en el nombre de Jesús.

Todo veneno en mi cuerpo, muere, en el nombre de Jesús.

Que los hombres empiecen a competir para favorecerme, en el nombre de Jesús.

Profetas satánicos que invocan mi espíritu, reciben la locura, en el nombre de Jesús.

Sirena satánica, que ahuyenta mi prosperidad, mi éxito, mi gran avance, mi gran avance financiero, mis bendiciones calladas, en el nombre de Jesús.

Todo poder de inversión inútil, muere, en el nombre de Jesús.

Todo lo que ardió para dañar mi éxito, los avances, se incendió, en el nombre de Jesús.

Oh Dios de señales y prodigios, aparece en mi situación ahora por el fuego, en el nombre de Jesús.

Dedos de los malvados, acosando mis descubrimientos, se marchitan, en el nombre de Jesús.

Oh Dios, levántate y silba sobre mis enemigos, en el nombre de Jesús.

Todo poder vampírico, asignado contra mi milagro, muere, en el nombre de Jesús.

El Trueno de Dios, levántate, destruye a mis enemigos, en el nombre de Jesús.

Tú, poder del hombre fuerte, bloqueando mis oportunidades, muere, en el nombre de Jesús.

Día Veinte

Antes de orar, por favor siga las siguientes instrucciones.

a.   Lea los siguientes pasajes de la Biblia

Proverbios 10:4, 22:29

b.   Confiesa todos tus pecados, conocidos y desconocidos

30 PUNTOS DE ORACIÓN por avances poco comunes 2

Poder de bendición tardía, muere, en el nombre de Jesús.

Todo poder que quiera que trabaje en vano, que muera, en el nombre de Jesús.

Mis inversiones, surgen, magnetizan grandes ganancias, en el nombre de Jesús.

Oh Señor, bautizame con el espíritu generoso de un dador alegre que da por amor y no por obligación.

El Señor me hará un pilar de apoyo para la expansión del Reino de Dios en el nombre de Jesús.

Toda mi generosidad pasada será recordada por Dios. Cada situación imposible en mi vida será cambiada por Dios a causa de mi pasada generosidad en el nombre de Jesús.

Yo creo en milagros, sirvo a un Dios de milagros, por lo tanto, cada capítulo cerrado por hombres contra mí será reabierto por Dios a mi favor en el nombre de Jesús.

Así como la hambruna en los días de José lo elevó, ayúdame, Señor, a ver la oportunidad que la actual crisis financiera global está creando para mi prosperidad y éxito en el nombre de Jesús.

Oh Señor, dame la habilidad mental necesaria para interpretar cada oportunidad que se presente en mi camino correctamente y aprovecharla al máximo en el nombre de Jesús.

Recibo gracia para disfrutar de riquezas que perdurarán durante toda mi vida en el nombre de Jesús.

Recibo total libertad del vergonzoso yugo de la deuda en el nombre de Jesús.

Recibo una liberación total del vergonzoso estigma de llamar a las puertas y de las repetidas llamadas telefónicas pidiendo ayuda financiera en el nombre de Jesús.

Disfrutaré del excedente del cielo para lograr mi propósito y tendré sobras en el nombre de Jesús.

La murmuración no tomará el lugar del dinero en mi vida y el dinero no me arruinará; todas mis cuentas serán arregladas sobrenaturalmente en el nombre de Jesús.

Me niego a ser una carga para mis vecinos, familias y amigos. Soy un prestamista y no un prestatario en el nombre de Jesús.

Siempre que las agujas necesiten mi ayuda, mi bolso no estará vacío. Estaré disponible para satisfacer sus necesidades en el nombre de Jesús.

Oh Señor, líbrame (a mi esposo, a mis hijos, etc.) de la esclavitud del mal apetito/hábito que está matando mi salud y mi destino en el nombre de Jesús.

El Señor saciará mi boca con cosas buenas. Tendré apetito y dinero para comer alimentos selectos y lograr grandes cosas en el nombre de Jesús.

Recibo la liberación total de la maldición de la pobreza y la aflicción que alguna vez ha afectado a mi familia. Viviré para transferir prosperidad a mi posteridad en el nombre de Jesús.

No sólo seré grande en riqueza, sino que también tendré un gran nombre y un éxito eterno en el nombre de Jesús.

Que tu Espíritu me dé poder, oh Señor, para alcanzar, sostener y disfrutar el éxito en el nombre de Jesús.

Mi gozo se multiplicará al final de este mes... Por lo tanto, contaré las bendiciones y no las penas en el nombre de Jesús.

Oh Señor, líbrame del trabajo inútil y de las actividades confusas en el nombre de Jesús.

No desperdiciaré mi semilla. Seré guiado divinamente para plantar mi semilla en tierra fértil en el nombre de Jesús.

Oh Señor, deja que los recursos requeridos para cumplir mi sueño bajo la custodia de mis enemigos se trasladen a la custodia de mis amigos y ayudantes en el nombre de Jesús.

Oh Señor, que el dinero siga siendo mi mensajero leal en el nombre de Jesús.

Tanto la ayuda de arriba como la del extranjero se combinarán y competirán para saldar mis cuentas y cumplir mis sueños este año en el nombre de Jesús.

De ahora en adelante todas mis inversiones y trabajo desde el comienzo de mi carrera y ministerio comenzarán a rendir todo su beneficio en el nombre de Jesús.

En cada situación difícil, que mi diezmo provoque una solución celestial en el nombre de Jesús.

Esta semana mi pasada generosidad me sorprenderá gratamente en el nombre de Jesús.

Día Veintiuno

Antes de orar, por favor siga las siguientes instrucciones.

 a. Lea el pasaje de la Biblia a continuación

 Josué 1:8;

 b. Confiese todos sus pecados, conocidos y desconocidos

30 PUNTOS DE ORACIÓN por avances poco comunes 3

A lo largo de este año, ninguno de mis recursos será malgastado en cuentas médicas o en cualquier forma de empresa sin fines de lucro en el nombre de Jesús.

Satanás no recibirá el respaldo del cielo para borrar mis recursos financieros, mis avances financieros y el éxito con la erosión del mal en el nombre de Jesús.

Quienquiera que me mire este año para que le ayude no se decepcionará. Tendré suficiente para satisfacer mis necesidades y mucho para dar a otros necesitados en el nombre de Jesús.

Recibo la liberación de la esclavitud de la duda y el miedo que los fracasos y la desgracia del pasado han introducido en mi vida en el nombre de Jesús.

Recibo el valor requerido para entrar en la grandeza que Dios ha ordenado para mí en el nombre de Jesús.

 Me someto al liderazgo del Espíritu de Dios y recibo el respaldo del cielo para romper y tener éxito en todas mis empresas en el nombre de Jesús.

Yo recibo el rostro favorable de Dios, por lo tanto el Cielo estará de acuerdo con todos mis pasos de fe y la voluntad de Dios prosperará en mis manos.

 Me niego a someter mi coraje a la frustración. Dios me enviará aliento hoy; estaré lleno de energía para continuar la carrera en el nombre de Jesús.

El sol está saliendo hoy anunciando mi temporada de éxitos, avances, bendiciones y el cumplimiento de mi propósito en el nombre de Jesús.

Aquellos que creen en mí y han invertido en mi sueño, animándome y apoyándome no se decepcionarán en el nombre de Jesús.

el Señor permitirá que algo mejor salga de cada mala situación que me desconcierte en el nombre de Jesús.

Que el poder profético que operaba en el valle de los huesos secos me reúna con mi perdido (gloria, ayudante, esposo, esposa, hijos, gozo, etc.) en el nombre de Jesús.

Toda actitud carnal de desobediencia y espíritus demoníacos que están promoviendo la esterilidad en mi vida terminan hoy en el nombre de Jesús.
Aquellos que dudan de mi habilidad para tener éxito pronto se convertirán en mis súbditos en el nombre de Jesús.

Aquellos que se niegan a prestarme durante mi momento de lucha pronto comenzarán a apoyarse en mí en el nombre de Jesús.

Aquellos que se ríen de mí hoy pronto se reirán conmigo y se arrepentirán de su insensatez de despreciarme en el nombre de Jesús.

Aquellos que se reúnan para frustrar mi visión rogarán ser parte de mi celebración de mi éxito en el nombre de Jesús.

Cada oposición que encuentre hoy en día pronto formará un capítulo de mi historia de éxito en el nombre de Jesús.

El Señor liberará una medida de prosperidad en mi vida y éxito que tragará toda mi historia de pobreza en el nombre de Jesús.

El Señor me dará un nuevo nombre y una nueva identidad que enterrará todas las historias feas asociadas con mi pasado en el nombre de Jesús.

Mi nueva vida en Cristo me ha vestido con una vestidura de justicia; mi vida pecaminosa pasada ya no me lastimará ni me perseguirá en el nombre de Jesús.

Una gracia similar que hizo a Jabes más honorable que sus hermanos me distinguirá entre mis iguales en el nombre de Jesús.

Hoy marca el comienzo de mi recuperación. Mi vida espiritual será restaurada y mi gloria perdida será recuperada completamente.

Yo declaro que cada departamento de mi vida bajo el control de Satanás está desconectado en el nombre de Jesús.

Todos los hábitos pecaminosos que me esclavizan a Satanás me irritarán en adelante en el nombre de Jesús.

En todas las áreas donde los hombres me han fallado, que tu misericordia prevalezca para mí en el nombre de Jesús.

En todas las áreas donde el dinero puede deshonrarme, que tu misericordia levantó a hombres de influencia a mi favor en el nombre de Jesús.

Esta semana encontraré la misericordia de Dios que terminará con todos los problemas de dinero asociados con mi familia en el nombre de Jesús.

un suministro inadecuado no me obligará a abandonar a Dios. El exceso de provisiones no me engañará para desconectarme de Dios en el nombre de Jesús.

Yo recibo el Espíritu de resistencia de Cristo para soportar el tiempo de adversidad y esperar la era de prosperidad, éxito, avances en el nombre de Jesús.

La adversidad actual no durará para siempre; mi negocio no se hundirá con el actual colapso económico. El Espíritu de Dios marcará el comienzo de una nueva era de prosperidad, éxito y avances en el nombre de Jesús.

Día Veintidós

Antes de orar, por favor siga las siguientes instrucciones.

a.   Lea el pasaje de la Biblia a continuación

Eclesiastés 5:19.

b.   Confiesa todos tus pecados, conocidos y desconocidos

30 PUNTOS DE ORACIÓN por avances poco comunes 4

El pacto de excepción de Dios como lo fue en la tierra de Gosén obrará a mi favor en contra de la recesión económica en curso en el nombre de Jesús.

Cualquier propósito positivo que persiga, lo poseeré porque el Espíritu de Dios instruirá mis pasos en la dirección correcta en el nombre de Jesús.

Yo reprendo el espíritu de desnudez de mi negocio; mi negocio será fructífero y provechoso en el nombre de Jesús.

El Espíritu Santo será el invencible Director Ejecutivo de mi negocio en el nombre de Jesús.

No voy a sufrir la escasez de ideas ni de capital adecuado para llevar mi negocio al siguiente nivel en el nombre de Jesús.

El Espíritu de Dios expondrá y expulsará a cada Acán (traidor) entre mis empleados que tienen la tendencia de arruinar mi negocio en el nombre de Jesús.

El Espíritu de Dios me librará de cometer un error de reclutamiento capaz de paralizar mi negocio en el nombre de Jesús.

El espíritu de excelencia, compromiso, lealtad y rectitud obligará a todos mis empleados a trabajar por el progreso de mi compañía en el nombre de Jesús.

Las malas intenciones y maquinaciones de mis competidores fallarán en el nombre de Jesús.

Cada arma patrocinada a través de relaciones familiares o amigos para arruinar mi negocio y el éxito no tendrá éxito en el nombre de Jesús.

Yo pronuncio prosperidad imparable sobre cada proyecto de mi compañía en el nombre de Jesús.

Debido a que este negocio es fundado en asociación con Dios, echará raíces hacia abajo, se desarrollará en ramas y dará frutos hacia arriba en el nombre de Jesús.

Yo ordeno una recuperación milagrosa y total de todas las deudas de mi compañía en el nombre de Jesús.
Toda mi propuesta largamente olvidada comenzará a recibir la atención de la autoridad correcta y relevante en el nombre de Jesús.

El favor de Dios envolverá mi compañía, oficina y tienda en el nombre de Jesús.

Tanto la identidad de mi compañía como la tarjeta de cortesía llevarán la presencia de Dios y atraerán el favor de mis clientes potenciales, clientes y contratos en el nombre de Jesús.

Repito cada legislación local e internacional que no está a favor de la prosperidad de mi negocio en el nombre de Jesús.

Mi negocio no recibirá la visita demoníaca de los ladrones armados y duplicados; los agentes de la ley patrocinados en mi contra no tendrán éxito en implicarme en el nombre de Jesús.

La sociedad que arruinará mi negocio no recibirá mi apoyo en el nombre de Jesús.

El agente de las tinieblas en una asignación malvada contra mi negocio recibirá el juicio de Dios sobre la ceguera en el nombre de Jesús.

La política económica de esta nación comenzará a favorecer la prosperidad de mi negocio en el nombre de Jesús
La visión del Gobierno en el poder no antagonizará mi prosperidad empresarial en el nombre de Jesús.
Unge a mi Señor para que haga un gran avance, éxito, un gran avance financiero sin soborno en el nombre de Jesús.

El fuego del Espíritu Santo consumirá todas las cuerdas y cadenas satánicas que están alrededor de mis bienes confiscados injustamente; el cielo asegurará su liberación esta semana en el nombre de Jesús.

Uno a todos mis clientes y clientes que han sido atados alrededor de los delantales de mis competidores con un hechizo demoníaco en el nombre de Jesús.

Todo bien que se haya quedado en esta tienda y esté en riesgo de caducidad traerá dinero y se reubicará a sus usuarios finales (consumidores) en el nombre de Jesús.

Este mes firmaré un contrato cuyas ganancias pagarán todas mis deudas y me dejarán con un excedente que me hará no tener nada que ver con la deuda otra vez en el nombre de Jesús.

Este mes, mis locales comerciales se trasladarán de un apartamento alquilado a nuestra propia propiedad a nombre de Jesús.

De ahora en adelante, no pediré prestado para pagar a mi personal otra vez en el nombre de Jesús.

Mi negocio será suficiente para pagar mis cuentas, pagar a mi personal y el excedente suficiente para contribuir al desarrollo de la comunidad en el nombre de Jesús.

Día Veintitrés

Antes de orar, por favor siga las siguientes instrucciones.

a. Lea el pasaje de la Biblia a continuación

Salmos 89:1

b. Confiese todos sus pecados, conocidos y desconocidos

30 PUNTOS DE ORACIÓN por avances poco comunes 5

Recibo ayuda de arriba para resucitar mi negocio colapsado y expandir y diversificar mis negocios florecientes en el nombre de Jesús.

No me faltarán ideas creativas para satisfacer a mis clientes en el nombre de Jesús.

Todos los clientes que he perseguido en el pasado sin éxito comenzarán a rogarme que hagan negocios conmigo en el nombre de Jesús.

La actual crisis económica no doblará mi negocio en el nombre de Jesús.

El poder de aventar el Espíritu de Dios soplará el espíritu de desperdicio y los agentes de desperdicio de mi negocio en el nombre de Jesús.

El viento de maravilla de Dios depositará riqueza en mi negocio en el nombre de Jesús.
El Espíritu de Dios guiará mi decisión de negocios; mi capital no será atado a bienes no provechosos en el nombre de Jesús.

Los productos que han perdido valor en el mercado, y el gusto y el apetito de los clientes no se basarán en mi tienda en el nombre de Jesús.

El Espíritu de Dios me resistirá de ser teledirigido o manipulado por estafadores para firmar todo por lo que he trabajado en el nombre de Jesús.

No seré manipulado por la codicia y la avaricia para desobedecer la advertencia celestial a través del sueño y la profecía en el nombre de Jesús.

Ninguno de mis viajes de negocios registrará un ataque de robo de brazo o accidente en el nombre de Jesús.

El consejo supremo del cielo revocará, revertirá y enmendará cada decreto, política, legislación que sea contraria a toda mi noble visión de negocios en el nombre de Jesús.

Señor Padre, por tu poderoso poder, por el poder en la Sangre de Jesús, el Fuego del Espíritu Santo, dispersa y destruye cualquier espíritu que me estorbe, mi negocio, mi éxito y avance en el nombre de Jesús.

Padre Señor, dispersa y destruye el poder de devorar el espíritu y la limitación, en el nombre de Jesús.

Padre Señor, cualquier decreto hecho sobre mis pies porque he venido a Cristo, que sea revocado en el nombre de Jesús.

Padre Señor, que mis pies sean ungidos y lavados con tu sangre para llevarme a lugares pacíficos, en el nombre de Jesús.

Padre Señor, libera el espíritu de Carpenter sobre mí para destruir los cuernos de los enemigos, en el nombre de Jesús.

Cualquier decreto que cause un bloqueo satánico en mi camino de avance, será esparcido por el fuego, en el nombre de Jesús.

Padre Señor, ven y sé nuestro pastor, para mantenernos unidos y salvarnos de los ladrones, en el nombre de Jesús.

Cada poder satánico o colectivo que quiera esparcir lo que he reunido, os ordeno que os postréis y muráis, en el nombre de Jesús.

Asociación de malvadas pandillas o brujería para causar descarrilamiento a mi éxito, descubrimientos, bendiciones; esparcirse por el fuego, en el nombre de Jesús.

Cualquier poder puesto en su lugar para supervisar y confirmar el fracaso en mi vida, morir por el fuego, en el nombre de Jesús.

Cualquier cosa en mí que contradiga la palabra de Dios para causar un error, muere por el fuego, en el nombre de Jesús.

Cualquier poder que haga un decreto que afecte mi posición en el Señor, romper por el fuego, en el nombre de Jesús.

El mal decreto o maldición sobre mi vida, espiritualmente, físicamente, financieramente, matrimonialmente y educacionalmente, te rompo, en el nombre de Jesús.

Cualquier cosa que esté en mí, a mi alrededor, dentro de mí, luchando con la presencia del Espíritu Santo en mí, ¿estás vivo?

Espíritu del Dios Viviente, levántate y llévame a mi lugar de bendición ahora, en el nombre de Jesús.

Señor Padre, cualquier arma o truco del enemigo para robar, matar y destruir, destrúyelos con su arma para siempre, en el nombre de Jesús.

Señor Padre, conecta, corrige y dirige mi avance, éxito y bendiciones hacia mí en cualquier lugar, en cualquier lugar donde estén, en el nombre de Jesús.

Espíritu del Dios Viviente, levántate y quítate cualquier velo maligno que cubra mi rostro para que pueda ver en el nombre de Jesús.

Poder para tener éxito en la vida; venid a mí ahora, en el nombre de Jesús.

Poder para ver y discernir, ven sobre mí, en el nombre de Jesús.

Poder para vencer, cae sobre mí ahora, en el nombre de Jesús.

Día Veinticuatro

Antes de orar, por favor siga las siguientes instrucciones.

Las Maldiciones Generacionales pueden retrasar o detener su Bendición si no son tratadas.

a. Lea los siguientes pasajes de la Biblia

Números 14:18. Gálatas 3:13

b. Confiese todos sus pecados, conocidos y desconocidos

25 PUNTOS DE ORACIÓN por Romper las Maldiciones Generacionales

Rompo todas las maldiciones generacionales de orgullo, rebelión, lujuria, pobreza, brujería, idolatría, muerte, destrucción, fracaso, enfermedad, debilidad, miedo, esquizofrenia y rechazo en el nombre de Jesús.

Yo ordeno que todos los espíritus generacionales y hereditarios que operan en mi vida a través de maldiciones sean atados y expulsados en el nombre de Jesús.

Yo ordeno a todos los espíritus de lujuria, perversión, adulterio, fornicación, inmundicia e inmoralidad que salgan de mi carácter sexual en el nombre de Jesús.

Yo ordeno a todos los espíritus de dolor, rechazo, temor, enojo, ira, tristeza, depresión, desánimo, pena, amargura y falta de perdón que salgan de mis emociones en el nombre de Jesús.

Ordeno a todos los espíritus de confusión, olvido, control mental, enfermedad mental, doble mente, fantasía, dolor, orgullo y memoria que salgan de mi mente en el nombre de Jesús.

Rompo todas las maldiciones de la esquizofrenia y ordeno a todos los espíritus de doble ánimo, rechazo, rebelión y raíz de amargura que salgan en el nombre de Jesús.

Yo ordeno a todos los espíritus de culpa, vergüenza y condenación que salgan de mi conciencia en el nombre de Jesús.

Yo ordeno a todos los espíritus de orgullo, terquedad, desobediencia, rebelión, voluntad propia, egoísmo y arrogancia que salgan de mi voluntad en el nombre de Jesús.

Yo ordeno a todos los espíritus de adicción que salgan de mi apetito en el nombre de Jesús.

Yo ordeno a todos los espíritus de brujería, hechicería, adivinación y ocultismo que salgan en el nombre de Jesús. Yo ordeno a todos los espíritus que operan en mi cabeza, ojos, boca, lengua y garganta que salgan en el nombre de Jesús.

Yo ordeno a todos los espíritus que operan en mi pecho y pulmones que salgan en el nombre de Jesús.

Yo ordeno a todos los espíritus que operan en mi espalda
y columna vertebral que salgan en el nombre de Jesús.

Yo ordeno a todos los espíritus que operan en mi
estómago, ombligo y abdomen que salgan en el nombre
de Jesús.

Yo ordeno a todos los espíritus que operan en mi corazón,
bazo, riñones, hígado y páncreas que salgan en el nombre
de Jesús.

Yo ordeno a todos los espíritus que operan en mis órganos
sexuales que salgan en el nombre de Jesús.

Yo ordeno a todos los espíritus que operan en mis manos,
brazos, piernas y pies que salgan en el nombre de Jesús.

Ordeno a todos los demonios que operan en mi sistema
esquelético, incluyendo mis huesos, articulaciones,
rodillas y codos, que salgan en el nombre de Jesús.

Yo ordeno a todos los espíritus que operan en mis
glándulas y sistema endocrino que salgan en el nombre de
Jesús.

Yo ordeno a todos los espíritus que operan en mi sangre y
en mi sistema circulatorio que salgan en el nombre de
Jesús.

Yo ordeno a todos los espíritus que operan en mis
músculos y sistema muscular que salgan en el nombre de
Jesús.

Yo ordeno a todos los espíritus religiosos de duda,
incredulidad, error, herejía y tradición que entraron a
través de la religión que salgan en el nombre de Jesús.

Yo ordeno a todos los espíritus de mi pasado que están
obstaculizando mi presente y futuro que salgan en el
nombre de Jesús.
Yo ordeno a todos los espíritus ancestrales que entraron a
través de mis antepasados que salgan en el nombre de
Jesús.

Yo ordeno a todos los espíritus ocultos que se esconden
en cualquier parte de mi vida que salgan en el nombre de
Jesús.

Día Veinticinco

Antes de orar, por favor siga las siguientes instrucciones.

a.   Lea el pasaje de la Biblia a continuación

Salmo 91:7

b.   Confiese todos sus pecados, conocidos y desconocidos

30 PUNTOS DE ORACIÓN para la protección y destrucción de los enemigos 1

Cancelo mi nombre, mi familia y mi ministerio del registro de la muerte, con el fuego de Dios, en el nombre de Jesús.

Toda arma de destrucción que se forme contra mí, sea destruida por el fuego de Dios, en el nombre de Jesús.
El fuego de Dios, lucha por mí en cada área de mi vida, en el nombre de Jesús.

Cada obstáculo a mi protección, sea derretido por el fuego de Dios, en el nombre de Jesús.

Toda maldad que se reúna contra mí, será esparcida por el fuego del trueno de Dios, en el nombre de Jesús.

Oh Señor, que Tu fuego destruya toda lista de maldad que contenga mi nombre, en el nombre de Jesús.

Todos los fracasos del pasado, conviértanse al éxito y a los milagros, en el nombre de Jesús.

Oh Señor, que la lluvia temprana, la lluvia tardía y tu bendición desciendan sobre mí ahora.

Oh Señor, que todo el mecanismo de fracaso del enemigo diseñado en contra de mi éxito, se frustre en el nombre de Jesús.

Recibo poder de lo alto y paralizo todos los poderes de las tinieblas que desvían mis bendiciones, en el nombre de Jesús.

Comenzando desde este día, empleo los servicios de los ángeles de Dios para abrirme toda puerta de oportunidades y avances, en el nombre de Jesús.

No volveré a dar vueltas, haré progresos, en el nombre de Jesús.

No construiré para que otro habite, ni plantaré para que otro coma, en el nombre de Jesús.

Yo paralizo los poderes de los que están vacíos con respecto a mi ministerio, en el nombre de Jesús.

Oh Señor, que toda langosta, oruga y gusano de palma asignado para comer el fruto de mi trabajo sea asado por el fuego de Dios.

El enemigo no estropeará mi testimonio en el nombre de Jesús.

Rechazo todo viaje hacia atrás en mi vida, en el nombre de Jesús.

Paralizo a todo hombre fuerte en cualquier área de mi vida, en el nombre de Jesús.

Que todo agente de la vergüenza creado para trabajar en contra de mi vida sea paralizado, en el nombre de Jesús.

Paralizo las actividades de la maldad doméstica sobre mi vida, sobre mi éxito, en el nombre de Jesús.

Apago todo fuego extraño que emana de malas lenguas contra mí, en el nombre de Jesús.

Señor, dame poder para el máximo logro en todas partes. en el nombre de Jesús

Oh Señor, dame autoridad consoladora para alcanzar mi meta.

Señor, fortaléceme con tu poder.

Paralizo todo espíritu de desobediencia en mi vida y en mis negocios en el nombre de Jesús.

Me niego a desobedecer la voz de Dios, en el nombre de Jesús.

Toda raíz de rebelión en mi vida, desarraigada, en el nombre de Jesús.

Fuente de rebelión en mi vida, seca, en el nombre de Jesús.

Poderes contrarios que alimentan la rebelión en mi vida, mueran, en el nombre de Jesús.

Toda inspiración de brujería en mi familia, sea destruida, en el nombre de Jesús.

Día Veintiséis

Antes de orar, por favor siga las siguientes instrucciones.

a. Lea el pasaje de la Biblia a continuación

2 Corintios 4:8-9

b. Confiese todos sus pecados, conocidos y desconocidos

30 PUNTOS DE ORACIÓN por Protección y destrucción de Enemigos 2

Sangre de Jesús, borra toda marca maligna de brujería en mi vida, en el nombre de Jesús.

Toda vestidura que me haya sido puesta por brujería, sea desgarrada en pedazos, en el nombre de Jesús.

Ángeles de Dios, empezad a perseguir a los enemigos de mi casa, dejad que sus caminos sean oscuros y resbaladizos, en el nombre de Jesús.

Señor, confúndelos y ponlos en su contra.

En el nombre de Jesús, rompo todo acuerdo malvado e inconsciente con los enemigos de la casa con respecto a mis milagros.

Brujería de la casa, caiga y muera, en el nombre de Jesús.

Señor, arrastra toda la maldad de la casa al mar muerto y entiérralos allí.

Oh, Señor, me niego a seguir el malvado patrón de mis enemigos domésticos.

Mi vida, salta de la jaula de la maldad doméstica, en el nombre de Jesús.

Yo ordeno que todas mis bendiciones y potenciales enterrados por los enemigos malvados de la casa sean exhumados, en el nombre de Jesús.

Veré la bondad del Señor en la tierra de los vivos, en el nombre de Jesús.

Todo lo que se ha hecho contra mí para arruinar mi alegría, reciba la destrucción, en el nombre de Jesús.

Oh Señor, así como Abraham recibió el favor en Tus ojos, déjame recibir Tu favor para que pueda sobresalir en cada área de mi vida.

Señor Jesús, sé generoso conmigo en este mes

No importa si lo merezco o no, recibo un favor inconmensurable del Señor, en el nombre de Jesús. Cada bendición que Dios me ha atribuido en este año no me pasará de largo, en el nombre de Jesús.

Mi bendición no será transferida a mi prójimo en este año, en el nombre de Jesús.

Padre Señor, deshonra todo poder que está en contra de Tu programa para mi vida, en el nombre de Jesús.

Cada paso que dé me llevará a un éxito sobresaliente, en el nombre de Jesús.

Prevaleceré con el hombre y con Dios en cada área de mi vida, en el nombre de Jesús.

Cada morada de enfermedad en mi vida, hecha pedazos, en el nombre de Jesús.

Mi cuerpo, alma y espíritu, rechaza toda carga maligna, en el nombre de Jesús.

Fundamento maligno en mi vida, te derribo hoy, en el poderoso nombre de Jesús.

Cada enfermedad heredada en mi vida, apártate de mí ahora, en el nombre de Jesús.

Toda agua malvada en mi cuerpo, salgan, en el nombre de Jesús.

Cancelo el efecto de toda dedicación malvada en mi vida, en el nombre de Jesús.

Fuego del Espíritu Santo, inmuniza mi sangre contra el envenenamiento satánico, en el nombre de Jesús.

 Padre Señor, pon el autocontrol en mi boca, en el nombre de Jesús.

Me niego a acostumbrarme a la mala salud, en el nombre de Jesús.

Cada puerta abierta a la enfermedad en mi vida, esté permanentemente cerrada hoy, en el nombre de Jesús.

Todo poder que se disputa con Dios en mi vida, sea asado, en el nombre de Jesús.

Todo poder que impida que la gloria de Dios se manifieste en mi vida, sea paralizado, en el nombre de Jesús.

Me libero del espíritu de desolación, en el nombre de Jesús.

Que Dios sea Dios en mi casa, en el nombre de Jesús.

Que Dios sea Dios en mi salud, en el nombre de Jesús.

Que Dios sea Dios en mi carrera, en el nombre de Jesús.

Que Dios sea Dios en mi economía, en el nombre de Jesús.
La gloria de Dios, envuelve cada departamento de mi vida, en el nombre de Jesús.

El Señor que responda con fuego, sea mi Dios, en el nombre de Jesús.

Día Veintisiete

Antes de orar, por favor siga las siguientes instrucciones.

   a.   Lea el pasaje de la Biblia a continuación

        Nahum 1:7

   b.   Confiese todos tus pecados, conocidos y desconocidos

30 PUNTOS DE ORACIÓN para la protección y destrucción de los enemigos 3

Sangre de Jesús, clama contra todas las malas reuniones organizadas por mí, en el nombre de Jesús.

Padre Señor, convierte todos mis fracasos pasados en victorias ilimitadas, en el nombre de Jesús.

Señor Jesús, crea espacio para mi progreso en cada área de mi vida.

Todos los malos pensamientos contra mí, Señor, conviértelos para que sean buenos para mí.

Señor, anuncia tu asombrosa prosperidad en mi vida.

Padre Señor, da a los hombres malvados por mi vida donde se han tomado malas decisiones en mi contra, en el nombre de Jesús.

Que las lluvias de la asombrosa prosperidad caigan en todos los aspectos de mi vida, en el nombre de Jesús.

Reclamo toda mi prosperidad, éxito, avance, bendiciones, avance financiero y milagro en esta semana, en el nombre de Jesús.

Cada puerta de mi prosperidad que ha sido cerrada, sea abierta ahora, en el nombre de Jesús.

Señor, convierte mi pobreza en prosperidad, en el nombre de Jesús.

Señor, convierte mi error a la perfección, en el nombre de Jesús.

Señor, convierte mi frustración en realidad, en el nombre de Jesús.

Señor, convierte mi fracaso al éxito en el nombre de Jesús.

Señor, saca miel de la roca para mí, en el nombre de
Jesús.

Me opongo a todo pacto maligno de muerte súbita, en el
nombre de Jesús.

Yo rompo todo pacto maligno consciente e inconsciente
de muerte prematura, en el nombre de Jesús.

Espíritu de muerte e infierno, no tienes ningún
documento en mi vida, en el nombre de Jesús.

Piedras de la muerte, apartad de mis caminos, en el
nombre de Jesús.

Señor, hazme una voz de liberación y bendición.

Pisoteo las alturas de los enemigos, en el nombre de
Jesús.

Ato e inutilizo a todo demonio chupador de sangre, en el
nombre de Jesús.

Tú, malvada corriente de muerte, desata tu control sobre
mi vida, en el nombre de Jesús.

Frustro las decisiones de los que abren el mal en mi
familia, en el nombre de Jesús.

El fuego de la protección; cubre a mi familia, en el nombre
de Jesús.

Señor, haz que mi camino sea perfecto, en el nombre de
Jesús.

A lo largo de los días de mi vida, no seré avergonzado, en el nombre de Jesús.
Rechazo toda vestidura de vergüenza, en el nombre de Jesús.

Rechazo toda vergüenza, en el nombre de Jesús.
Rechazo todo sombrero y gorro de vergüenza, en el nombre de Jesús.

La vergüenza no será mi suerte, en el nombre de Jesús.

Cada limitación demoníaca de mi progreso como resultado de la vergüenza sea removida, en el nombre de Jesús.

Día Veintiocho

Antes de orar, por favor siga las siguientes instrucciones.

a. Lea el pasaje de la Biblia a continuación

Salmo 34:19

b. Confiese todos sus pecados, cnocidos y desconocidos

30 PUNTOS DE ORACIÓN para la protección y destrucción de los enemigos 4

Toda red de vergüenza a mi alrededor, queda paralizada, en el nombre de Jesús.

Los que buscan mi vergüenza morirán por mí, en el nombre de Jesús.

En cuanto a la vergüenza, no voy a registrar ningún punto para Satanás, en el nombre de Jesús.

En el nombre de Jesús, no comeré el pan de la pena, no comeré el pan de la vergüenza y no comeré el pan de la derrota.
Ningún mal me tocará a lo largo de mi vida, en el nombre de Jesús.

En este año, alcanzaré mi meta, en el nombre de Jesús.

En cada área de mi vida, mis enemigos no me atraparán, en el nombre de Jesús.

En cada área de mi vida, correré y no me cansaré, caminaré y no me desmayaré.

No seré víctima del fracaso y no me morderé el dedo por ninguna razón, en el nombre de Jesús.

Ayúdame, Señor, a cumplir con la norma de Dios para mi vida.

Señor, en cada área de mi vida, no permitas que mi vida te deshonre.

Me niego a ser candidato al espíritu de la amputación, en el nombre de Jesús.

Con cada día de mi vida, me mudaré a un lugar más alto, en el nombre de Jesús.

Todo espíritu de vergüenza que se pone en movimiento contra mi vida, os ato, en el nombre de Jesús.

Todo espíritu que compita con mis avances, esté encadenado, en el nombre de Jesús.

Ato todo espíritu de esclavitud, en el nombre de Jesús.

En cada día de mi vida, deshonro a todos mis perseguidores tercos, en el nombre de Jesús.

Ato, todo espíritu de Herodes, en el nombre de Jesús.

Todo espíritu que desafíe a mi Dios, sea deshonrado, en el nombre de Jesús.

Todos los mares rojos que están delante de mí, sepárense en el nombre de Jesús.

Yo ordeno que todo espíritu de mal final sea atado en cada área de mi vida, en el nombre de Jesús.

Todo espíritu de Saúl, sea deshonrado en mi vida, en el nombre de Jesús.

Todo espíritu de Faraón, sea deshonrado en mi vida, en el nombre de Jesús.

Rechazo toda mala invitación al atraso, en el nombre de Jesús.

Yo ordeno que cada piedra de estorbo en mi vida sea removida, en el nombre de Jesús.

Padre Señor, quita toda piedra de pobreza de mi vida, en el nombre de Jesús.

Que toda piedra de infertilidad en mi matrimonio sea removida, en el nombre de Jesús.

Que toda piedra de fracaso en mi vida sea removida, en el nombre de Jesús.

Dios mío, quita toda piedra de dificultad y esclavitud de mi vida, en el nombre de Jesús.

Dios mío, quita toda piedra de fracaso plantada en mi vida, en mi hogar y en mis ministerios, en el nombre de Jesús.

Ustedes, piedras de estorbo, plantadas al borde de mis descubrimientos, sean removidas, en el nombre de Jesús.

Día Veintinueve

Antes de orar, por favor siga las siguientes instrucciones.

a. Lea el pasaje de la Biblia a continuación

Salmo 121:3

b. Confiese todos sus pecados, conocidos y desconocidos

30 PUNTOS DE ORACIÓN para la protección y destrucción de los enemigos 5

Ustedes, piedras de estancamiento, estacionadas en el borde de mi vida, sean removidas, en el nombre de Jesús.

Dios mío, que cada tormenta del "amputador" plantado al principio de mi vida, en medio de mi vida y al final de mi vida, sea removida, en el nombre de Jesús.

Padre Señor, te doy gracias por todas las piedras que has removido, te prohíbo que regresen, en el nombre de Jesús.

Que el poder de lo alto venga sobre mí, en el nombre de Jesús.

Padre Señor, anuncia tu poder en cada área de mi vida, en el nombre de Jesús.

Padre Señor, haz de mí un generador de energía, a lo largo
de los días de mi vida, en el nombre de Jesús.

Que el poder de vivir una vida santa durante los días de mi
vida caiga sobre mí, en el nombre de Jesús.

Que el poder de vivir una vida victoriosa durante los días
de mi vida caiga sobre mí, en el nombre de Jesús.

Que el poder de prosperar durante los días de mi vida
caiga sobre mí, en el nombre de Jesús.

Que el poder de estar en buena salud durante los días de
mi vida caiga sobre mí, en el nombre de Jesús.

Que el poder de deshonrar a mis enemigos durante los
días de mi vida caiga sobre mí, en el nombre de Jesús.

Que el poder de Cristo descanse sobre mí ahora, en el
nombre de Jesús.

Que el poder de atar y desatar caiga sobre mí ahora, en el
nombre de Jesús.

Padre Señor, deja que Tu llave de avivamiento desbloquee
cada departamento de mi vida para Tu fuego de
avivamiento, en el nombre de Jesús.

Cada área de mi vida que está a punto de morir, recibe el
toque de avivamiento, en el nombre de Jesús.
Padre Señor, envía tu fuego y unción a mi vida, en el
nombre de Jesús.

Cada área no crucificada en mi vida, recibe el toque de
fuego y sé crucificada, en el nombre de Jesús.

Que el fuego caiga y consuma todos los obstáculos para mi avance, en el nombre de Jesús.

Ustedes, tercos problemas en mi vida, reciban la dinamita del Espíritu Santo, en el nombre de Jesús.

Tú llevas el milagro de mis pasados programas de ayuno y oración, recibes el toque de fuego y te materializas, en el nombre de Jesús.

Fuego del Espíritu Santo, bautizadme con el milagro de la oración, en el nombre de Jesús.

Cada área de mi vida que necesite liberación, reciba el toque de fuego y sea liberada, en el nombre de Jesús.

Que mis ángeles de bendición me localicen ahora, en el nombre de Jesús.
Todo programa satánico de imposibilidad, te cancelo ahora, en el nombre de Jesús.

Toda maldad doméstica y su programa de imposibilidad, sea paralizada, en el nombre de Jesús.

Ninguna maldición caerá sobre mi cabeza o mi ministerio, en el nombre de Jesús.

A lo largo de los días de mi vida, no gastaré dinero en mi salud: el Señor será mi sanador, en el nombre de Jesús.

A lo largo de los días de mi vida, estaré en el lugar correcto en el momento correcto.

Durante los días de mi vida, no me apartaré del fuego de la protección de Dios, en el nombre de Jesús.

Día Treinta

Antes de orar, por favor siga las siguientes instrucciones.

a. Lea el pasaje de la Biblia a continuación

Isaías 50:7

b. Confiese todos sus pecados, conocidos y desconocidos

30 PUNTOS DE ORACIÓN para la protección y destrucción de los enemigos 6

A lo largo de los días de mi vida, no seré candidato para una enfermedad incurable, en el nombre de Jesús.

Toda arma de cautiverio es deshonrada por el fuego, en el nombre de Jesús.

Señor, antes de terminar esta oración, necesito un milagro sobresaliente en cada área de mi vida.

Que cada ataque planeado contra el progreso de mi vida sea frustrado, en el nombre de Jesús.

Ordeno a los espíritus de acoso y tormento que me abandonen, en el nombre de Jesús.

Señor, comienza a hablar de la solidez en mi mente y en mi ser.

Yo invierto cada maldición de brujería emitida en contra de mi progreso, en el nombre de Jesús.

Condeno a todos los espíritus que me condenan, en el nombre de Jesús.

Que la exactitud divina entre en mi vida y en mis operaciones, en el nombre de Jesús.

Ninguna mala directiva se manifestará en mi vida, en el nombre de Jesús.

Señor, haz que seas real en mi vida.

Señor, tráeme amigos que reverencien Tu nombre y mantengan alejados a todos los demás.

Que los planes y propósitos del cielo se cumplan en mi vida y ministerio, en el nombre de Jesús.

Que la fuerza divina entre en mi vida, en el nombre de Jesús.

Señor, muéstrate en mi vida hoy.

Destruyan todas las fortalezas que obran contra mi paz, en el nombre de Jesús.

Que el poder de destruir cada decreto de las tinieblas que operan en mi vida caiga sobre mí ahora, en el nombre de Jesús.

Señor, libera mi lengua del mal silencio.

Señor, deja que mi lengua hable a otros de tu vida.

Señor, suelta mi lengua y úsala para tu gloria.

Señor, que mi lengua devuelva al redil a las ovejas descarriadas.

Señor, que mi lengua fortalezca a los que están desanimados.

Señor, deja que mi lengua guíe a los tristes y solitarios.

Señor, bautiza mi lengua con amor y fuego.

Que todo perseguidor impenitente y obstinado sea deshonrado en mi vida, en el nombre de Jesús.

Que toda maldición de hierro que actúe contra mi vida sea quebrantada por la sangre de Jesús, en el nombre de Jesús.

Que todo problema destinado a deshonrarme reciba vergüenza abierta, en el nombre de Jesús.

Que todo problema anclado en mi vida sea desarraigado, en el nombre de Jesús.

Múltiples pactos malignos, sean quebrantados por la sangre de Jesús, en el nombre de Jesús.

Múltiples maldiciones, sean quebrantadas por la sangre de Jesús, en el nombre de Jesús.

Día Treinta y uno

Antes de orar, por favor siga las siguientes instrucciones.

a. Lea el pasaje de la Biblia a continuación

Juan 10:28-30

b. Confiese todos sus pecados, conocidos y desconocidos

18 PUNTOS DE ORACIÓN para la protección y destrucción de los enemigos 7

Todo lo que se haga contra mí con candados malvados, será anulado por la sangre de Jesús, en el nombre de Jesús.

Todo lo que se haga contra mí en cualquier encrucijada, será anulado por la sangre de Jesús, en el nombre de Jesús.

Que cada demonio obstinado y resistente a la oración reciba piedras de fuego y truenos, en el nombre de Jesús.

Toda oración obstinada y resistente a la enfermedad, pierde tu mal aferramiento a mi vida, en el nombre de Jesús.

Cada problema asociado con los muertos, sea aplastado
por la sangre de Jesús, en el nombre de Jesús.

Recupero mi propiedad robada siete veces, en el nombre
de Jesús.
Que cada mal recuerdo sobre mí sea borrado por la
sangre de Jesús, en el nombre de Jesús.

No permito que mis descubrimientos sean enjaulados por
las fuerzas de la oscuridad en el nombre de Jesús.

Que el sol de mi prosperidad se levante y esparza cada
nube de pobreza, en el nombre de Jesús.

Declaro un avance imparable en mi vida y ministerio, en el
nombre de Jesús.

Empapo cada día de mi vida en la sangre de Jesús y en
señales y prodigios, en el nombre de Jesús.

Rompo todas las fortalezas de la opresión en mi vida y en
mi matrimonio, en el nombre de Jesús.

Que toda alegría satánica sobre mi vida sea terminada, en
el nombre de Jesús.

Paralizo toda maldad doméstica, en el nombre de Jesús.

Que cada río satánico se se seque por la sangre de Jesús,
en el nombre de Jesús.

Ato a todo espíritu ancestral y les ordeno que pierdan el
control de mi vida, en el nombre de Jesús.

Espíritus ancestrales, empaquen sus cargas y salgan de mi
vida, en el nombre de Jesús.

Toda maldición de trabajo inútil en mi vida se rompe por el fuego del Espíritu Santo.

Día Treinta y dos

Antes de orar, por favor siga las siguientes instrucciones.

a. Lea los siguientes pasajes de la Biblia

Filipenses 4:19, Jeremías 29:11

b. Confiese todos sus pecados, conocidos y desconocidos

49 PUNTOS DE ORACIÓN para la liberación de las bendiciones

Gracias a Dios por su bondad, misericordia, amor y provisiones.

Confiesa y arrepiéntete de todos los pecados, conocidos y desconocidos.

Toca tus labios y confiesa esto: "mi boca está ungida con el poder de Dios Todopoderoso".

Yo decreto que cada palabra que sale de mi boca al orar hoy debe ser cumplida en el nombre de Jesús.

Señor, ábreme las puertas de la oportunidad a través de esta oración, en el nombre de Jesús.

Yo recibo la unción de la restauración en el nombre de Jesús.

Cada persona o personalidad que ha tomado lo que me pertenece; les ordeno que lo liberen en el nombre de Jesús.
Poderes que me niegan mis debidos milagros, reciben las piedras de fuego, en el nombre de Jesús.

Yo ato y echo fuera a cada hombre fuerte en mi vida, familia o ambiente que se niega a liberar mis bendiciones, avance, milagro, promoción o prosperidad en el nombre de Jesús.

Ato el espíritu de depresión, frustración y desilusión en mi vida, en el nombre de Jesús.

Yo ordeno que todas las fuerzas malvadas y desconocidas organizadas contra mi vida sean dispersadas, en el nombre de Jesús.

Paralizo toda actividad de parásitos y devoradores físicos y espirituales en mi vida, en el nombre de Jesús.

Yo recupero de las manos del enemigo cualquier cosa de mi posesión que yo sin saberlo extravié, en el nombre de Jesús.

Recupero todo el terreno que había perdido ante el enemigo, en el nombre de Jesús.

Yo mando todos los daños hechos a mi vida por .....
(escoge de la lista de abajo) para ser reparados, en el nombre de Jesús.

Yo ordeno la restauración séptuple de todo lo que el enemigo me ha quitado, en el nombre de Jesús.

El fuego de Dios, consume el malvado reloj del enemigo que está trabajando contra mi vida, en el nombre de Jesús.

Oh Señor, restaura mis años perdidos en el nombre de Jesús.

Señor, restaura mis esfuerzos desperdiciados, dinero, salud, fuerza y bendiciones, en el nombre de Jesús.

Quito de mi vida con fuego toda barrera a mis descubrimientos en el nombre de Jesús.

Yo arranco de raíz y destruyo de mi vida por el Espíritu Santo cada obstáculo a mi milagro, en el nombre de Jesús.

Rompo en pedazos cada cuerno que esparce mis bendiciones, en el nombre de Jesucristo.

Destruyo cada cerco que el enemigo ha puesto sobre mis bendiciones para evitar que las reciba en mi vida, en el nombre de Jesús.
Cada poder maligno que retiene mis oraciones, o las respuestas a mis oraciones, les ordeno que sean atados, en el nombre de Jesús.

 Yo ordeno que se abran todas las puertas de las cosas buenas, cerradas contra mí por el enemigo, en el nombre de Jesús.

Libero a mi ayudante para que venga a mí ahora, en el nombre de Jesús.

Cada sombra de oscuridad que el enemigo ha proyectado sobre mí, para evitar que mi prosperidad, mi trabajo, mis contactos de negocios, mis ascensos o mis avances me localicen, la quito por el fuego, en el nombre de Jesucristo.

Que todas las potencialidades y dones ocultos que me hagan grande, robados de mí, sean restaurados 21 veces, en el nombre de Jesús.

Yo decreto la destrucción total sobre cada persona que ha prometido no soltarme nada de lo que Dios ha destinado para mí, en el nombre de Jesús.

Yo rompo en pedazos cada pacto o maldición que obstruye la restauración divina en mi vida, en el nombre de Jesús.

Árboles de problemas en mi vida, secos hasta las raíces, en el nombre de Jesús.

Muros de oposición física y espiritual, caen según la orden de Jericó, en el nombre de Jesús.

Señor, haz de mi caso un milagro. Sorprende a mis enemigos, amigos, e incluso a mí mismo, en el nombre de Jesús.

Con la sangre de Jesucristo, rompo todo pacto que da ventaja al enemigo para quitarme las bendiciones que Dios me ha dado, en el nombre de Jesucristo.
Toda maldad doméstica que se come las bendiciones que Dios Todopoderoso ha concedido a mi vida y a mi familia, os destruyo a vosotras, en el nombre de Jesús.
Muera mi rey Uzías para que pueda ver tu rostro, Señor, en el nombre de Jesús.

Yo ordeno la restauración cien veces mayor de todo lo que el enemigo me quitó cuando estaba débil, en el nombre de Jesús.

Destruyo con fuego todos los cuernos asignados para esparcir mi prosperidad, familia, negocios y posesiones, en el nombre de Jesús.

Yo derribo cada piedra de tropiezo en mi camino hacia el éxito, la promoción y la victoria, en el nombre de Jesús.

Todo lo bueno que Dios ha destinado para mí, pero que está en posesión de otra persona, le ordeno que venga a mí ahora, en el nombre de Jesús.

Poseo el poder de perseguir, alcanzar y recuperar mis bienes de los egipcios espirituales, en el nombre de Jesús.

Que cada hechizo, gafe y encantamientos demoníacos rendidos en mi contra sean cancelados, en el nombre de Jesús.

Señor, sana todas las heridas y balas espirituales sufridas por los ataques del enemigo.

Padre, te lo ruego, quita a cualquier persona o personalidad que se siente en mis bendiciones, milagros, avances, prosperidad, finanzas, trabajo o buena salud, en el nombre de Jesucristo.

Todas mis posesiones en el norte, sur, este u oeste, les ordeno que vengan a mí ahora, en el nombre de Jesús.

Todas mis posesiones en el reino de los espíritus, las libero en lo físico por medio del fuego, en el nombre de Jesucristo.

Recibo cien veces más restauración de todo lo que he
perdido, en el nombre de Jesús.

Recibo una restauración cien veces mayor de todo lo que
el enemigo me robó, en el nombre de Jesucristo.

Señor, dame poder para un nuevo comienzo.

Gracias a Dios por las respuestas a sus oraciones.

**Por favor, envíe toda su petición de
oración a**

info@olusolacoker.com

Suscríbase a mis boletines y descargue
ebooks para visitarlos gratis

www.olusolacoker.com para detalles